Transportorganisation

Anmerkungen des Verlags

Die Herausgeber bzw. Autoren und der Verlag haben höchste Sorgfalt hinsichtlich der Angaben von Richtlinien und Empfehlungen aufgewendet. Für versehentliche falsche Angaben übernehmen sie keine Haftung. Da die gesetzlichen Bestimmungen und wissenschaftlich begründeten Empfehlungen einer ständigen Veränderung unterworfen sind, ist der Benutzer aufgefordert, die aktuell gültigen Richtlinien anhand der Literatur zu überprüfen und sich entsprechend zu verhalten.
Die Angaben von Handelsnamen, Warenbezeichnungen etc. ohne die besondere Kennzeichnung ®/™/© bedeuten keinesfalls, dass diese im Sinne des Gesetzgebers als frei anzusehen wären und entsprechend benutzt werden könnten.
Der Text und/oder das Literaturverzeichnis enthalten Links zu externen Webseiten Dritter, auf deren Inhalt der Verlag keinen Einfluss hat. Deshalb kann er für diese fremden Inhalte auch keine Gewähr übernehmen. Für die Inhalte der verlinkten Seiten ist stets der jeweilige Anbieter oder Betreiber der Seite verantwortlich.
Aus Gründen der Lesbarkeit ist in diesem Buch meist die männliche Sprachform gewählt worden. Alle personenbezogenen Aussagen gelten jedoch stets für Personen beliebigen Geschlechts gleichermaßen.

Bibliografische Information der Deutschen Nationalbibliothek

Die Deutsche Nationalbibliothek verzeichnet diese Publikation in der Deutschen Nationalbibliografie; detaillierte bibliografische Daten sind im Internet über http://dnb.dnb.de abrufbar.

Satz: Bürger Verlag GmbH, Edewecht
Druck: Alfa print, s.r.o., Martin, Slowakei
ISBN 978-3-96461-033-1

SEGmente

Herausgeber: Frank Meurer
Thomas Mitschke
Jürgen Schreiber

Band 15

Transportorganisation

Andreas Knickmann
Sven Neumann
Timo Subat

S+K
Verlagsgesellschaft Stumpf & Kossendey mbH, Edewecht 2022

Inhalt

Abkürzungsverzeichnis

Abb. — Abbildung

ADAC — Allgemeiner Deutscher Automobil-Club e.V.

AKNZ — Akademie für Krisenmanagement, Notfallplanung und Zivilschutz

ÄLRD — Ärztlicher Leiter Rettungsdienst

BABZ — Bundesakademie für Bevölkerungsschutz und Zivile Verteidigung

BBK — Bundesamt für Bevölkerungsschutz und Katastrophenhilfe

bzw. — beziehungsweise

ca. — circa

cm — Zentimeter

CO — Kohlenstoffmonoxid

DIN — Deutsches Institut für Normung e.V., Deutsche Industrienorm

DRK — Deutsches Rotes Kreuz

e.V. — eingetragener Verein

EA — Einsatzabschnitt

EAL — Einsatzabschnittsleitung

ECE — Economic Comission for Europe

ELW — Einsatzleitwagen

ggf. — gegebenenfalls

GmbH — Gesellschaft mit beschränkter Haftung

IVENA — Interdisziplinärer Versorgungsnachweis

ISZ — Interdisziplinäre Steuerungszentrale

Kap. — Kapitel

KdoW — Kommandowagen

kg — Kilogramm

KTW	Krankentransportwagen
LARD	Landesausschuss Rettungsdienst
LED	Leuchtdiode (englisch Light-Emitting Diode)
LEV	Leiter(in) Erstversorgung
LNA	Leitender Notarzt/Leitende Notärztin
m	Meter
MANV	Massenanfall von Verletzten
NEF	Notarzteinsatzfahrzeug
NRW	Nordrhein-Westfalen
o.Ä.	oder Ähnliches
OrgL	Organisatorische(r) Leiter(in)
PA	Patientenablage
PAT	Patientenanhängetasche
Pat.	Patient
PT-Z 10	Patiententransportzug 10
PÜP	Patientenübergabepunkt
PZC	Patientenzuweisungscode
RD	Rettungsdienst
RTW	Rettungswagen
s.o.	siehe oben
SEG	Schnelleinsatzgruppe
SK	Sichtungskategorie
StVO	Straßenverkehrsordnung
t	Tonne
THW	(Bundesanstalt) Technisches Hilfswerk
TMO	Trunked Mode Operation
TO	Transportorganisation
u.a.	unter anderem, und andere
UA	Unterabschnitt
usw.	und so weiter
z.B.	zum Beispiel

Straßentyp: eine Richtungsfahrbahn

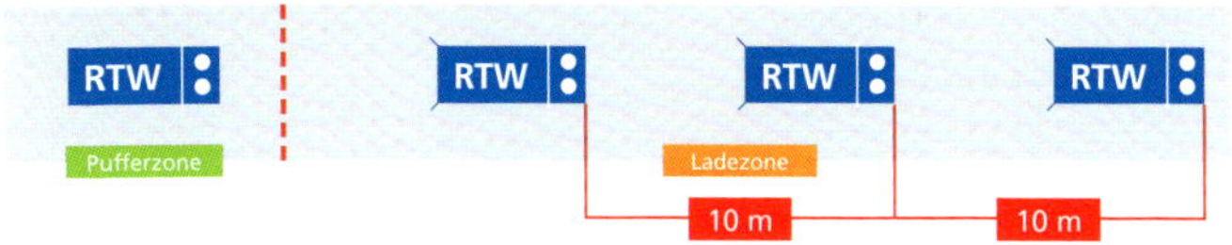

Straßentyp: zwei Richtungsfahrbahnen

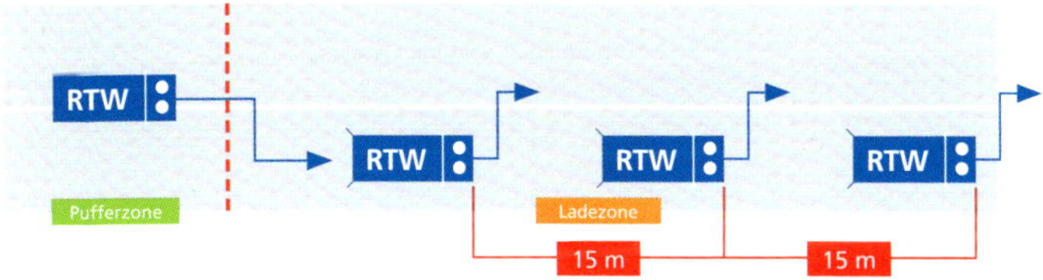

Straßentyp: drei Richtungsfahrbahnen / zwei mit Standstreifen

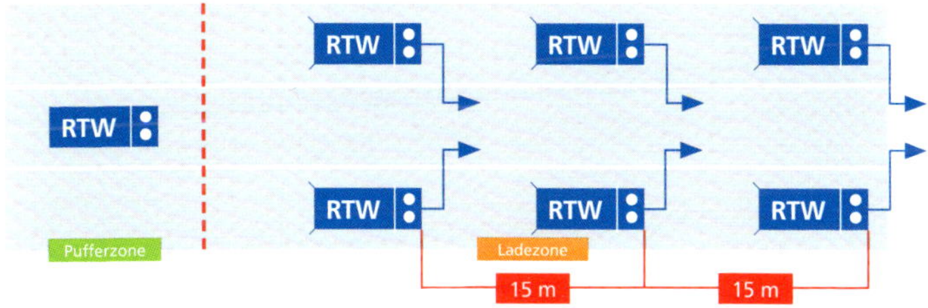

Straßentyp: Parkplätze

Straßentyp: Wendehammer

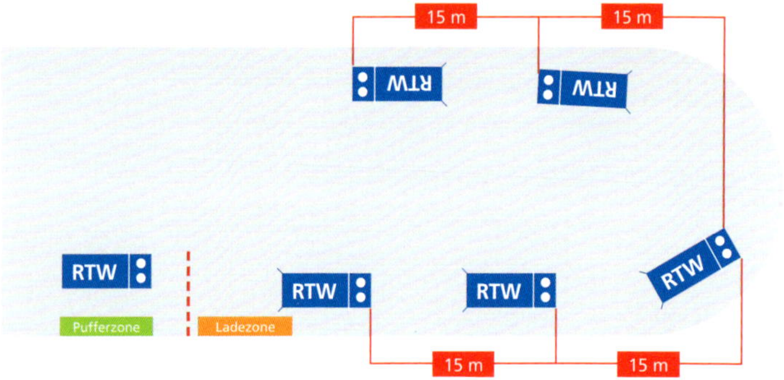

Straßentyp: Bundesautobahnen

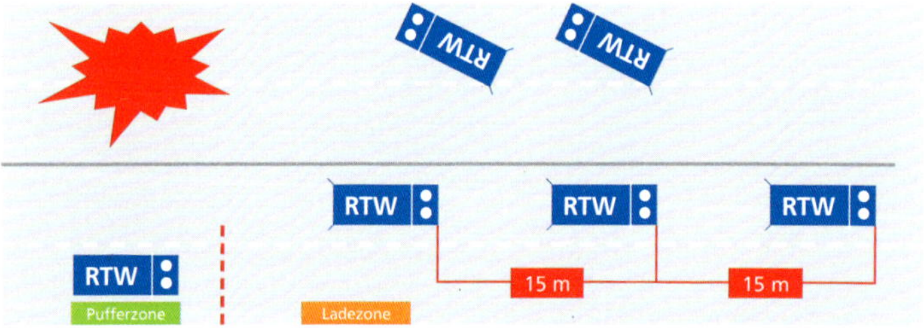

Material für den Einsatz einer Gruppe (1 + 8) zum Betrieb der Ladezone (bis 6 Boxen):

- 7 × Westen „Einweiser"
- 2 × Kreidespray
- 7 × Winkerkellen
- 15 × Verkehrsleitkegel mit Stabblitzleuchten
- 2 × Flatterband + 10 × Absperrleinenhalter
- 2 × Schreib- und Dokumentationsmaterial
- 1 × Funktionsweste „Ltr. Ladezone"
- 7 × Stablampen mit Aufsatz „rot"
- 4 × Faltsignale „Ladezone"
- C-Schläuche
- 2 × HRT

Merke: Bei großangelegten Ladezonen ist der Kräfteansatz „Gruppe" entsprechend zu erhöhen.

Vorwort

Ein Massenanfall von Verletzten oder Erkrankten (MANV) fordert Rettungsdienst und Katastrophenschutz auf allen Ebenen. In der Anfangsphase müssen schnell ausreichend Einsatzkräfte durch die Leitstelle an den Ereignisort alarmiert werden. Die ersteintreffenden Einsatzkräfte müssen eine ausführliche Lageerkundung vornehmen, die Raumordnung planen und schnellstmöglich mit der Vorsichtung und den lebensrettenden Sofortmaßnahmen beginnen. Nach und nach treffen weitere Rettungsmittel ein, deren Besatzungen die Erstversorgung sicherstellen und weitere Strukturen, wie u. a. Patientenablagen, aufbauen. In der Anfangsphase eines MANV wird wegen der Menge an anfallenden Aufgaben selten an den eigentlichen Abtransport der Verletzten gedacht. Auch in vielen Einsatzkonzepten ist zwar geregelt, wie ersteintreffende Rettungsmittel die Lage vor Ort optimal abarbeiten können, aber wie die Zuteilung der Verletzten auf die Krankenhäuser und deren Transport abläuft, wird nur selten betrachtet.

„The Golden Hour of Shock" ist jeder Einsatzkraft in der Notfallmedizin ein Begriff. Dieser Ansatz definiert, dass nach einem Unfallereignis ein verletzter Patient innerhalb von 60 Minuten in einer Klinik sein soll. Die Frage, die sich nun stellt, ist, greift diese Zeitvorgabe auch bei einem Massenanfall von Verletzten/Erkrankten? Kann aufgrund der Vielzahl von Verletzten hierauf verzichtet werden? Nein! Auch bei einem MANV müssen eine optimale Versorgung der Verletzten und deren Transport sichergestellt werden. Diese Abläufe werden zu Anfang nicht der Individualmedizin entsprechen, aber durch eine gute Planung lassen sich die Prozesse des Abtransportes regeln. Bei Einsätzen sowie Übungen kommt einer schnellstmöglichen Sicherung der Erstversorgung von Patienten eine hohe Bedeutung zu.

Nach den bisherigen Erfahrungen der Autoren konnte die Erstversorgung der Verletzten sowohl bei realen Einsätzen als auch bei Übungen schnell sichergestellt werden. Es zeigte sich, dass bezüglich des Verletztentransports im Bereitstellungsraum ausreichend boden- sowie luftgebundene Rettungsmittel für den Abtransport zur Verfügung standen. Jedoch entstand an der Einsatzstelle ein „Flaschenhals“, da es kein ausreichendes Konzept für den Abtransport der Patienten gab.

In diesem SEGmente-Band stellen die Autoren Möglichkeiten der Transportorganisation dar. Sie zeigen auf, wie eine Verteilung der Betroffenen am Ereignisort aussehen kann. Sie betrachten eine Zuordnung der Einsatzmittel und Einsatzkräfte durch die Leitstelle und beleuchten Möglichkeiten von elektronischen Verfahren der Patientenverteilung. Durch Checklisten ergeben sich Handlungsoptionen für Ihren Rettungsdienst.

Für welches System Sie sich auch entscheiden, es ist wichtig, dass bei der Planung an den Abtransport der Verletzten genauso gedacht wird wie an die ersteintreffenden Rettungsmittel.

1 Transportorganisation im geschichtlichen Kontext von Großereignissen

Das Flugtagunglück von Ramstein (1988) war ein Auslöser dafür, dass in Deutschland weitere Überlegungen angestellt wurden, wie man viele Verletzte effektiv auf Krankenhäuser verteilt. Während der militärischen Flugschau auf der amerikanischen Air Base stürzten drei Kunstflugmaschinen ab, eine davon rutschte brennend ins Publikum. Es wurden ca. 1.000 Menschen verletzt, nach offiziellen Angaben starben 70 Personen. Bei der Versorgung und dem Abtransport der Verletzten gab es erhebliche Probleme, u. a. auch wegen der unterschiedlichen Versorgungsstrategien des amerikanischen Militärs („Load and Run") und des deutschen Rettungsdienstes („Stay and Play"). So kann man Berichten entnehmen, dass Patienten auf einem Lastkraftwagen (Lkw) abtransportiert und mehr als eine Stunde wahllos durch die Gegend gefahren wurden. Die Verletzten konnten nicht von den angefahrenen Kliniken aufgenommen werden, da diese mit der großen Patientenanzahl völlig überlastet waren. Dies hatte zur Folge, dass der besagte Lkw nach vielen Kilometern Fahrstrecke mit den Verletzten wieder zum Schadensgebiet zurückkehrte.

Nach dem Unglück wurde ein Untersuchungsausschuss durch den Verteidigungsausschuss des Deutschen Bundestages eingerichtet. Der Drucksache 11/5354 vom 9. Oktober 1989 ist zu entnehmen, dass man jetzt Weichen für zukünftige Großschadensereignisse stelle. Beispielhaft sei hier die Implementierung der Luftrettung bei Großveranstaltungen zu nennen. Der Fokus des Untersuchungsausschusses lag jedoch auf der Patientenbehandlung. Die Transportorganisation hat zu dieser Zeit noch keine nennenswerte Berücksichtigung gefunden.

Anlässlich des Weltjugendtages 2005 in Deutschland hat Nordrhein-Westfalen das Konzept „Behandlungsplatz Bereitschaft 50 NRW“ ins Leben gerufen. Neben dem Hauptziel, die Erstversorgung von vielen Verletzten sicherzustellen, sozusagen zu puffern, ist auch die Komponente Transportorganisation vorgesehen. Diese kümmert sich um eine effektive Verteilung der Patienten aus dem Behandlungsplatz.

Der Begriff „Transportorganisation“ ist mittlerweile ein feststehender Begriff für die Patientenverteilung bzw. den Patiententransport bei einem MANV.

Terroranschläge der letzten Dekaden (wie 2001 in New York, 2004 in Madrid oder 2005 in London) haben dazu geführt, dass das Thema MANV und somit auch die Patientenverteilung und der Abtransport von Patienten in Großschadenslagen merklich an Bedeutung gewonnen haben. Auch aufgrund dieser Geschehnisse hat sich das Bundesamt für Bevölkerungsschutz und Katastrophenhilfe (BBK) dazu entschieden, an der Bundesakademie für Bevölkerungsschutz und Zivile Verteidigung (BABZ) Schulungen mit den Schwerpunkten Patientenablage, Transportorganisation und Führungsunterstützung für Führungskräfte der Rettungsdienste, der Feuerwehren und der Hilfsorganisationen aus ganz Deutschland anzubieten. Einige Teilnehmerinnen und Teilnehmer haben das dort Erlernte in die eigenen MANV-Konzepte ihres Zuständigkeitsgebietes übernommen oder ihre Einsatzkonzepte angepasst.

2 Rechtliche Voraussetzung zur Transportorganisation

Durch das föderalistische System wird in Deutschland der Rettungsdienst durch die Bundesländer geregelt. Das bedeutet, dass in jedem Bundesland eigene Gesetze zur Regelung des Rettungsdienstes gelten (Landesrettungsdienstgesetze), z.B. in Nordrhein-Westfalen das Gesetz über den Rettungsdienst sowie die Notfallrettung und den Krankentransport durch Unternehmer (RettG NRW) oder in Niedersachsen das Niedersächsische Rettungsdienstgesetz (NRettDG). Aufgrund dieser gesetzlichen Aufteilung wird hier nur exemplarisch auf die Bedingungen in Niedersachsen eingegangen: Im NRettDG ist in der Fassung vom 2. Oktober 2007 in § 13 die Einrichtung eines Landesausschusses Rettungsdienst (LARD) geregelt. Ihm gehören jeweils fünf Vertreterinnen oder Vertreter der Rettungsdienstträger, der Kostenträger und der Beauftragten sowie fünf Ärztinnen oder Ärzte der Kassenärztlichen Vereinigung an. Durch das zuständige Ministerium können weitere sachkundige Personen hinzuberufen werden. Der Landesausschuss Rettungsdienst hat eine beratende Funktion. Er beschäftigt sich unter anderem mit Qualitätsstandards und entwickelt landeseinheitliche Muster. Diese werden jeweils landesweit bekannt gegeben. In der Bekanntmachung des Niedersächsischen Ministeriums des Innern vom 19. November 2014 wird die „Bewältigung von Notfallereignissen mit einer größeren Anzahl von Verletzten oder Erkrankten (Großschadensereignis)“ durch den LARD thematisiert. Neben Definitionen, Empfehlungen zum praktischen Vorgehen und der Benennung von vorzuhaltenden Komponenten wird das Gesamtthema Massenanfall von Verletzten abgebildet. Hierbei wird der Unterabschnitt Transportorganisation nicht erwähnt.

Es liegt durch das zugrunde liegende System an jeder einzelnen Gebietskörperschaft, den strukturierten Abtransport von Patienten, inklusive der jeweiligen Krankenhauszuteilung, im Vorfeld zu planen und zu definieren. Die Verwendung des Begriffs Transportorganisation sollte priorisiert und durch die jeweiligen Ärztlichen Leiter Rettungsdienst (ÄLRD) festgelegt werden. Die Transportorganisation ist in die bestehenden MANV-Konzepte aufzunehmen, den Einsatzkräften zu vermitteln und bei Übungen und Einsätzen verbindlich anzuwenden. Als Grundlage hierfür sollten Erkenntnisse aus diversen vergangenen Einsatzlagen und Lehrmeinungen des BABZ dienen.

Durch die länderspezifischen Gesetze gibt es kein bundeseinheitliches Verfahren zur Bewältigung von Großschadens-/MANV-Lagen und somit auch nicht für eine einheitliche Transportorganisation. Damit obliegt die öffentlich-rechtliche Durchführung bzw. die Verantwortung für die Organisation des Rettungsdienstes den Landkreisen bzw. kreisfreien Städten. Dies kann die überregionale Zusammenarbeit bei Großschadensereignissen erheblich erschweren, da es keinen einheitlichen Standard für eine Transportorganisation gibt.

Ein bundesweites Gremium, das sich mit diesem Problem der fehlenden Standardisierung beschäftigt, ist die Sichtungs-Konsensus-Konferenz, die seit 2002 regelmäßig tagt. Nach Auflösung der Schutzkommission 2015 hat die Federführung das Bundesamt für Bevölkerungsschutz und Katastrophenhilfe übernommen. Während dieser Konferenzen werden Arbeitsgruppen gebildet, die Aufträge erhalten, thematische Ausarbeitungen zu erstellen. Die Ergebnisse der einzelnen Arbeitsgruppen werden gesammelt und allen Konferenzmitgliedern zur Abstimmung vorgestellt. Nachfolgend sind einige Resultate der Konferenz aufgeführt, welche im gesamten deutschen Rettungsdienst umgesetzt werden sollen:

- Sichtungskategorien (SK)
- Maßnahmen während der Vorsichtung
- Sichtungsprozess.

Wie beschrieben, sind die Kreise und kreisfreien Städte in der Verantwortung, entsprechende Planungen auch für die MANV-Lage vorzulegen. Dies betrifft zum einen die personelle Ressource, wie z.B. den Leitenden Notarzt (LNA) oder den Organisatorischen Leiter Rettungsdienst (OrgL), und zum anderen die materielle Vorhaltung, wie die Bereitstellung von ausreichend Rettungsmitteln. Einige Träger des Rettungsdienstes haben für die MANV-Planung und die Aus- und Fortbildung der Kräfte Stellen in diesem speziellen Bereich geschaffen. Inwieweit der jeweilige Rettungsdienst über besondere Strukturen im Hinblick auf die Transportorganisation verfügt, hängt davon ab, wie tiefgründig sich die jeweiligen Planungsbeauftragten mit diesem speziellen Thema beschäftigen und wie viel Wissen sie darüber bereits erlangt haben. Die Implementierung einer vorgeplanten und strukturierten Transportorganisation erfordert viel Entwicklungszeit, Erstschulungen und Fortbildungen der Mitarbeiterinnen und Mitarbeiter sowie Investitionen in das erforderliche Material. Der rechtliche Rahmen gibt hier kein genaues Prozedere vor. So kann es beispielsweise ausreichend sein, die Transportorganisation über den OrgL abzuwickeln. Man kann sich gut vorstellen, dass eine solche Mammutaufgabe kein „Nebengeschäft" ist und der OrgL eine Menge anderer wichtiger Aufgaben zu erledigen hat. Daher sollten bereits im Vorfeld eine genaue Planung und Schulung aller Beteiligten für den Unterabschnitt Transportorganisation erfolgt sein.

3 Struktur der Einsatzstelle beim MANV

Unter dem Begriff „Massenanfall" wird in der DIN 13050 „Begriffe im Rettungswesen" ein „Notfall, mit einer großen Anzahl von Verletzten oder Erkrankten sowie anderen Geschädigten oder Betroffenen" verstanden. Hierbei handelt es sich also um ein Ereignis, bei dem besondere planerische und organisatorische Maßnahmen erforderlich sind, da die vorhandenen und die einsetzbaren Vorhaltungen der präklinischen und klinischen Versorgung nicht ausreichen. Jede Gebietskörperschaft, jeder Kreis oder jede kreisfreie Stadt definiert den Massenanfall von Verletzten/Erkrankten eigenständig. In einer Großstadt wird aufgrund der hohen Vorhaltung von Rettungsmitteln meistens sehr spät von einem MANV gesprochen, dabei kann der MANV in ländlichen Gebieten bereits ab drei Verletzten beginnen. Durch den Träger des Rettungsdienstes werden in der Alarm- und Ausrückeordnung (AAO) Maßnahmen und Einsatzkräfte/

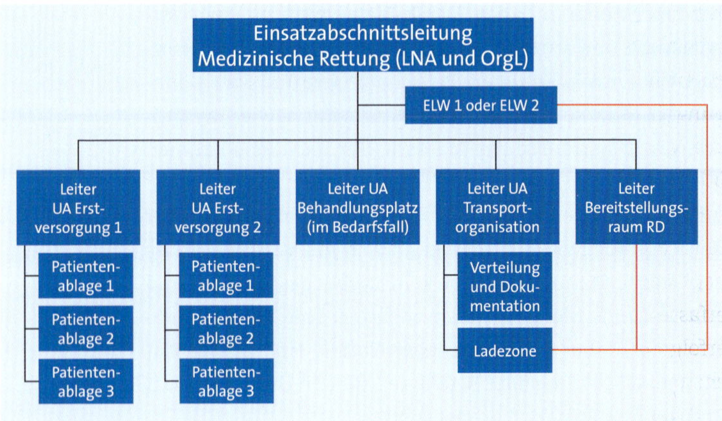

Abb. 1 ▶ Organigramm

Einsatzmittel definiert, die bei einem gewissen Ereignis zum Schadensort alarmiert werden.

Größere Einsatzlagen werden zur besseren Verwaltung und Übersicht in diverse Einsatzabschnitte (EA) unterteilt. Die Führung des Einsatzabschnittes Medizinische Rettung wird u.a. im Brandschutz-, Hilfeleistungs- und Katastrophenschutzgesetz NRW (BHKG) beschrieben. Hiernach obliegt die Führung des Einsatzabschnittes dem Leitenden Notarzt, welcher durch einen Organisatorischen Leiter Rettungsdienst unterstützt wird. Da in einer MANV-Lage eine individualmedizinische Versorgung der Patienten nicht mehr gegeben sein kann, müssen alle Führungs- und Einsatzkräfte auf Katastrophenmedizin umschalten. Für LNA und OrgL bedeutet das, dass sie ihren Einsatzabschnitt in mehrere Unterabschnitte (UA) aufteilen müssen.

3.1 Unterabschnitt Erstversorgung

Der Unterabschnitt Erstversorgung ist in der Initialphase einer MANV-Lage der Dreh- und Angelpunkt. Hier werden Patientenablagen gebildet, die (Vor-)Sichtung mit lebensrettenden Sofortmaßnahmen durchgeführt und die Patienten für den Transport vorbereitet. Der Leiter Erstversorgung (LEV) spielt eine wesentliche Rolle beim Gelingen des MANV-Einsatzes aus Sicht der Führung. Als LEV wird üblicherweise eine Einsatzkraft von einem der ersten Rettungsmittel eingesetzt; meistens ist das der Fahrer des ersten Notarzteinsatzfahrzeuges (NEF). Die Aufgabe des LEV liegt darin, möglichst schnell alle erforderlichen Daten zu erfassen, um den Einsatzabschnitt bzw. den Unterabschnitt erfolgreich zu führen. Dies erfolgt durch eine kurze Absprache mit dem Team des ersteingetroffenen Rettungsmittels und dem Einsatzleiter der Feuerwehr. Hat er alle erforderlichen Daten gesammelt, sorgt er nun weiter für die Ordnung des Raumes. Sofern noch nicht geschehen, bildet der LEV nun Patientenablagen (PA), benennt sie möglichst mit Klarnamen (z.B. PA „Baum“) und stellt die dortige Führung sicher. Neben der Ordnung des Raumes muss er baldmöglichst für eine gesicherte Kommunikation sorgen. Sein Kontakt zu den Patientenablagen, dem Bereitstellungsraum Rettungsdienst und zur Einsatzabschnittsleitung (EAL) Medizinische Rettung muss gewährleistet sein. Parallel muss der Leiter Erstversorgung die nachrückenden Rettungskräfte gezielt in den Patientenablagen einsetzen. Er sollte jederzeit in der Lage sein, über den dortigen Ist-Stand zu berichten. Der LEV muss auch anstehende Probleme erkennen. Das kann zum Beispiel ein Personal- oder Materialengpass sein. Etappenziel ist die Sicherstellung der Erstversorgung. Dies ist erreicht, wenn ein roter Patient mit einem Rettungsassistenten/Notfallsanitäter und einem „halben“ Notarzt versorgt ist. Sobald die Erstversorgung in allen Patientenablagen sichergestellt ist, wird der LNA zeitnah den Transport freigeben. Ab diesem Zeitpunkt übernimmt die Transportorganisation die Zuteilung der Rettungsmittel und der LEV darf weder Personal noch Material eigenständig aus dem Bereitstellungsraum Rettungsdienst abfordern.

3.2 Unterabschnitt Patientenablage

Nach der DIN 13050 ist eine Patientenablage eine „Stelle an der Grenze des Gefahrenbereiches, an der Verletzte oder Erkrankte gesammelt und, soweit möglich, erstversorgt werden und an der sie zum Transport an einen Behandlungsplatz oder weiterführende medizinische Versorgungseinrichtungen übergeben werden.“ In der Regel bilden sich Patientenablagen noch vor dem Eintreffen des Rettungsdienstes. Solche PA werden als „spontan gebildete Patientenablagen“ bezeichnet. Verletzte liegen „kreuz und quer“ und um sie herum befinden sich Ersthelfer, die die Verletzten versorgen. Ein genauer Überblick über die Anzahl der Verletzten oder aber eine klare Struktur ist nicht gegeben. Ob der Rettungsdienst diese Patientenablagen in strukturierte Patientenablagen überführen muss oder ob eine Versorgung direkt in bereitgestellten Rettungsmitteln erfolgen kann, kommt auf das Ereignis und auf die Schwere der Verletzungen an: Wenn die Anzahl der Verletzten gering ist und genügend Rettungsmittel für die medizinische Versorgung der Verletzten vor Ort sind, dann kann auch eine direkte Verlegung in die Rettungsmittel erfolgen. Hierdurch wird wertvolle Zeit eingespart. Sollte jedoch die Einsatzstelle dynamisch sein oder es sich um mehrere PA handeln, dann muss der Rettungsdienst die spontan gebildeten PA in strukturierte PA überführen. Darunter wird eine PA verstanden, in deren Mitte sich eine Materialachse befindet und links bzw. rechts davon die Patienten liegen. Hierbei ist zu beachten, dass möglichst höchstens zehn Patienten pro Ablage versorgt werden (zwei SK I, drei SK II und fünf SK III). Maximal 15 Patienten sind tolerierbar. Bei einer höheren Anzahl oder weiteren zu erwartenden Patienten müssen zusätzliche Ablagen eingerichtet und eröffnet werden. Aufgrund des höheren Arbeits- und Betreuungsaufwands sollte man auf eine Verteilung nach Sichtungskategorie (PA rot, PA gelb, PA grün) verzichten. Bei gemischten Patientenablagen können, wenn möglich, auch SK-III-Patienten in die Betreuung von SK-II-Patienten eingebunden werden. Wenn die Erstversorgung sichergestellt ist, erfolgt in der Regel der Abtransport aus den PA in geeignete Krankenhäuser. Sollte es sich beim MANV hauptsächlich um grün bzw. gelb kategorisierte Verletzte/Erkrankte handeln, sieht der Abtransport völlig anders aus, als wenn der Großteil der Verletzten rot bzw. gelb eingestuft wurde.

3.3 Unterabschnitt Behandlungsplatz

In den letzten Jahren ist der Behandlungsplatz (BHP) etwas in den Schatten getreten, aber er hat weiterhin seine Daseinsberechtigung bei einem Massenanfall von Verletzten, zum Beispiel bei geplanten Großveranstaltungen. Durch die „Arbeitsgemeinschaft der Leiter der Berufsfeuerwehren in Nordrhein-Westfalen“ (AGBF-NRW) wurde anlässlich der Fußballweltmeisterschaft 2006 in Deutschland der Mindeststandard eines Behandlungsplatzes definiert. Einige Bundesländer haben diesen Standard an ihre Bedürfnisse angepasst, sodass es heute BHP 25, BHP 50 usw. gibt. Jeder BHP kann innerhalb einer Stunde die entsprechende Anzahl an Verletzten versorgen. So kann beispielsweise die Behandlungsplatz-Bereitschaft 50 NRW mindestens 50 Patienten innerhalb einer Stunde versorgen. Dabei ist planerisch von einer Verteilung der Sichtungskategorien I / II / III von 40 % / 20 % / 40 % auszugehen. Konzeptkonform muss der Behandlungsplatz 45 Minuten nach dem Eintreffen an der Einsatzstelle in der Lage sein, die ersten Patienten aufzunehmen. Seine Vorlaufzeit ist mit etwa drei Stunden anzunehmen, sodass heute den Patientenablagen mit Material und Personal deutlich mehr Gewichtung zukommt.

3.4 Bereitstellungsraum Rettungsdienst

Durch die Feuerwehr-Dienstvorschrift 100 (FwDV 100) ergibt sich die taktische Gliederung des Raumes. Neben der klassischen Unterteilung in Einsatzabschnitte Technische Rettung oder Medizinische Rettung gehört zur Gliederung auch ein eigener Bereitstellungsraum (BR), den Einsatzkräfte mit ihren Einsatzmitteln anfahren, um sich dort zu sammeln. Dadurch wird verhindert, dass die eigentliche

Einsatzstelle mit Fahrzeugen blockiert wird. Ferner können Einsatzmittel gezielt in den Einsatz gebracht werden. Der Bereitstellungsraum ist nach der FwDV 100 wie folgt definiert: „Der Bereitstellungsraum ist die Sammelbezeichnung für Orte, an denen Einsatzkräfte und Einsatzmittel für den unmittelbaren Einsatz oder vorsorglich gesammelt, gegliedert und bereitgestellt oder in Reserve gehalten werden."

Bei Einsatzlagen der Feuerwehr wird häufig schon sehr früh im Einsatzverlauf ein Bereitstellungsraum festgelegt, in den die weiteren Löschzüge oder Spezialeinheiten fahren. Bei Einsätzen an besonderen Objekten (z.B. Bahnhöfen, Hochhäusern) sind die Bereitstellungsräume oftmals schon im Vorfeld bekannt, da an der Einsatzstelle wenig Platz verfügbar ist bzw. Einsatzmittel an bestimmten Stellen eingesetzt werden müssen, um einen Erfolg zu erzielen. Im rettungsdienstlichen Alltag spielt ein Bereitstellungsraum eher eine untergeordnete Rolle, da in der Regel nur ein oder zwei Rettungsmittel (z.B. Rettungswagen/Notarzteinsatzfahrzeug) im Einsatz gebunden sind. Diese Fahrzeuge kommen direkt zum Einsatz, sodass eine separate Pufferung nicht notwendig ist. Wird jedoch die Einsatzstelle aufgrund einer aufsteigenden Lage größer oder kommt es gar im Einsatzverlauf zu einem Massenanfall von Verletzten, wird im Einsatzabschnitt Medizinische Rettung ein Bereitstellungsraum notwendig, der bereits in der frühen Einsatzphase integriert werden sollte.

3.5 Unterabschnitt Transportorganisation

Ein elementarer Bestandteil der Organisation bei einer MANV-Lage ist der Unterabschnitt Transportorganisation. Bei großen Einsatzlagen kann diese Aufgabe nicht mehr durch die Einsatzabschnittsleitung Medizinische Rettung wahrgenommen werden, da eine Vielzahl von Maßnahmen notwendig ist, um einen geordneten Abtransport der Patienten zu gewährleisten (s. Kap. 4).

3.6 Transportkomponenten

Um in einem adäquaten Zeitfenster möglichst viele Patienten zu transportieren, benötigt der Regelrettungsdienst beim MANV Unterstützung, da er diese Aufgabe nicht eigenständig bewältigen kann – zumal der hauptamtliche Rettungsdienst bei MANV-Lagen in den meisten Fällen voll eingebunden ist. Hier kommen Transportkomponenten zum Einsatz, die mit geballter Einsatzkraft diverse Patienten transportieren können. Wie so oft sind diese in den einzelnen Bundesländern unterschiedlich aufgestellt. Beispielsweise ist der Patiententransportzug 10 NRW (PT-Z 10 NRW, Abb. 2) eine mit zwei Notärzten besetzte Einheit in Zugstärke. Diese kann mindestens zehn Patienten, davon acht liegend und zwei sitzend, transportieren. Es wird davon ausgegangen, dass zwei Patienten liegend durch je einen Notarzt medizinisch versorgt werden und zwei der vier Krankentransportwagen je einen liegend bzw. sitzend transportieren. Der PT-Z 10 NRW besteht aus:

- einem Führungsfahrzeug
- vier Rettungswagen (RTW)
- vier Krankentransportwagen (KTW).

Die Aufgaben der Einheit sind der Transport und die Versorgung von Patienten. Das Personal besteht aus Einsatzkräften der Hilfsorganisationen, der Feuerwehr oder Kräften der beteiligten Unternehmen im Rettungsdienst. Die Personalstärke des PT-Z 10 NRW besteht in der Regel aus 20 Funktionen, welche sich in die Bereiche Führung und Transportmittel unterteilen. Die Führung besteht aus einem Gruppenführer mit Qualifikation zum Rettungssanitäter (= Verantwortlicher der Einheit) und einem Helfer, die den PT-Z 10 NRW als geschlossenen Marschverband zu der am Einsatzort zugewiesenen Stelle (Sammel- oder Bereitstellungsraum) leiten. Sollte der weitere Einsatz des PT-Z 10 NRW nicht geschlossen erfolgen, kann die Führung ggf. mit anderen Aufgaben betraut werden. Als Fahrzeug steht ihnen in der Regel ein Kommandowagen (KdoW) zur Verfügung.

Die Einsatzmöglichkeiten des PT-Z 10 NRW sind klassische MANV-Lagen oder aber Evakuierungsmaßnahmen im Rahmen der überörtlichen Hilfe. Er muss spätestens 60 Minuten nach der Alarmierung als Marschverband abmarschbereit sein. In anderen Bundesländern gibt es auch Transporteinheiten, die das gleiche Ziel haben, jedoch bezogen auf die Fahrzeugzusammensetzung anders aufgestellt sind.

Abb. 2 ▶ PT-Z 10 NRW

4 Transportorganisation

Die Transportorganisation (TO) soll für Patienten eine bedarfsorientierte Zuweisung zu einem Krankenhaus/zu einer weiterversorgenden Stelle ermöglichen. Im organisatorischen Rahmen eines funktionierenden Zeitmanagements sollen die Abtransporte optimiert und eine aufgrund von Dokumentation entstehende Transportverzögerung reduziert werden. Hierfür müssen verschiedene Positionen im Unterabschnitt Transportorganisation definiert und besetzt werden.

Der *Leiter Transportorganisation* zeichnet sich für den reibungslosen Gesamtablauf des Abtransportes verantwortlich. Er kommuniziert mit unterstellten Tragetrupps, beispielsweise Kräften der Feuerwehr, spricht sich mit dem Patientenzuweisungsteam (oftmals auch Ticketteam genannt) ab, gibt wichtige Informationen an den Leiter Ladezone weiter und meldet linear nach oben zu OrgL/LNA oder EAL Medizinische Rettung. Der Leiter TO muss immer einen Blick auf die jewei-

Abb. 3 ▶ Dokumentation der Patientenübersicht

ligen Zeitfenster haben, um den Patientenfluss zur Ladezone möglichst reibungslos und ohne Staubildung zu gestalten. Es gilt, die Bildung eines „Flaschenhalses" zu vermeiden.

Das *Patientenzuweisungsteam* lässt sich den Status eines jeden Patienten geben, beginnend bei SK I über SK II zu SK III, mit dem Ziel, alle rot gekennzeichneten Patienten schnellstmöglich abzutransportieren. Es teilt Transportziele und somit Transportmittel zu und kommuniziert dies an den Leiter TO.

Der *Leiter Ladezone* erhält vom Leiter Transportorganisation alle für ihn relevanten Informationen. Hierzu gehören die jeweiligen Nummern der Patientenanhängetaschen (PAT) und die für den Transport benötigte Qualifikation der Rettungskräfte bzw. das benötigte Rettungsmittel, beispielsweise RTW. Der Leiter Ladezone hat immer die vorhandenen Ladebuchten zu besetzen und mit neuen Fahrzeugen aus dem vorgeschalteten Rettungsmittelhalteplatz oder direkt aus dem Bereitstellungsraum aufzufüllen. Des Weiteren sollte er ebenfalls den Patientenstrom beobachten, um bei einem eventuellen Stau einzugreifen.

Dem folgend hat die Transportorganisation die Gesamtaufgabe, Patienten zügig auf geeignete Rettungsmittel zu verteilen, diese Rettungsmittel entsprechend dem Verletzungs-/Krankheitsbild des Patienten einem qualifizierten Krankenhaus zuzuweisen sowie abschließend eine Dokumentation durchzuführen.

4.1 Aufgaben innerhalb der Transportorganisation

Die Transportorganisation ist ein Unterabschnitt des Einsatzabschnittes Medizinische Rettung und unterteilt sich in *Verteilung* und *Dokumentation*. Innerhalb der Transportorganisation gibt es wesentliche Aufgaben, die notwendig sind, einen geordneten Abtransport der Patienten zu gewährleisten. Hierunter fallen:

- Einrichtung einer Ladezone mit entsprechender Logistik
- Sicherstellung der Kommunikation
- Verteilung der Behandlungskapazitäten
- Dokumentation der Patientenverteilung.

Aufgaben des Leiters Transportorganisation

Der Leiter TO baut den Unterabschnitt Transportorganisation auf und sorgt dafür, dass alle Bereiche der TO reibungslos funktionieren. Er stellt die Kommunikation sicher und ist der Ansprechpartner für die Einsatzabschnittsleitung Medizinische Rettung. Mit seinem Wissen steht er dem Leitenden Notarzt und dem Organisatorischen Leiter Rettungsdienst für Fragen zur Verfügung. Für seine Arbeiten steht dem Leiter TO idealerweise ein ELW 1 oder MZF (Mehrzweckfahrzeug) mit Arbeitsfläche zur Verfügung.

Einrichtung einer Ladezone

Die Ladezone ist der Bereich, in dem für die benötigten Rettungsmittel Ladebuchten bereitgehalten werden. Auf Anforderung positionieren sich die Rettungsmittel in einer ihnen zugewiesenen Bucht, die Teams verlassen die Fahrzeuge, um einen ihnen zugeteilten Patienten zu übernehmen. Sie erhalten durch den Leiter Ladezone ein definiertes Zeitfenster, in dem der Patient aufgenommen und das Fahrzeugteam mit dem Transport beginnen muss. Um einen zügigen und reibungslosen Ablauf zu gewährleisten, sollten aufgenommene Patienten nicht in der Ladezone weiterversorgt werden. Dies muss in einem „Ankabelungsbereich“ oder auf dem Transport erfolgen.

Die Größe und die Lage der Ladezone sind abhängig von der Art und dem Umfang der MANV-Lage. Bei einer Massenkarambolage auf der Autobahn über eine Länge von einigen hundert Metern muss wahrscheinlich mit mehreren Ladezonen gearbeitet werden, da andernfalls die Wegezeiten für die Patiententragetrupps zu lang wären.

Betrachtet man eine MANV-Lage nach einem Gebäudebrand in einem großen Objekt, wie beispielsweise einer Schule, bilden sich meistens spontane Patientenablagen in der Nähe des Schadensobjekts. Hier könnte eine zentrale Ladezone eingerichtet werden.

Sicherstellung der Kommunikation

Es ist obligat, dass eine funktionierende und störungsfreie Kommunikation Voraussetzung für eine gute Arbeit in der TO ist. Funkgruppen müssen im Vorfeld festgelegt werden. Eine Zuteilung im laufenden MANV-Einsatz ist schwierig und führt unter Umständen zu Komplikationen. Der ABBILDUNG 4 kann man neben dem Organigramm des Einsatzabschnittes Medizinische Rettung auch die vorgeplanten Rufgruppen für alle relevanten Ansprechpartner des EA Medizinische Rettung entnehmen. Da der Digitalfunk nicht unendlich viele Gruppen in der Vorplanung zulässt, kann man sich im laufenden Einsatz durch die zuständige Leitstelle weitere Rufgruppen zuweisen lassen. Diese können nach Zuteilung händisch in die Funkskizze eingetragen werden.

Besonders erwähnenswert ist zu diesem Organigramm die Trennung des Feuerwehrtechnischen vom Bereitstellungsraum Rettungsdienst. Dadurch wird eine schnelle Anforderung der Rettungsmittel innerhalb des Einsatzabschnittes Medizinische Rettung ermöglicht. Diese Entscheidung wird nicht im Einsatz getroffen, sondern muss in der Vorplanung konzipiert und geschult werden.

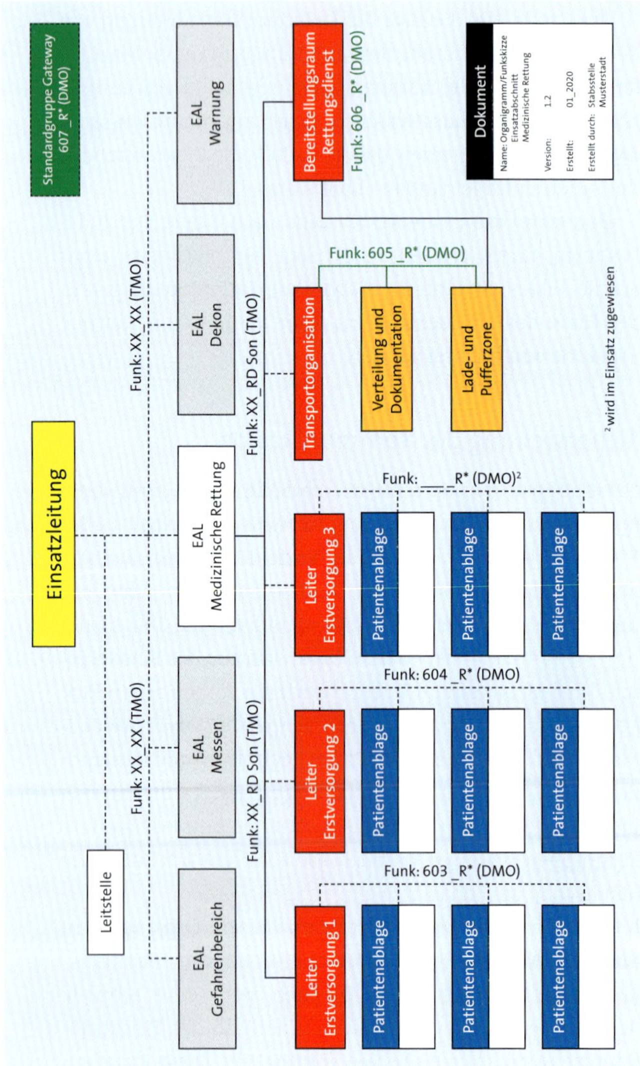

Abb. 4 ▶ Beispiel für ein kombiniertes Organigramm/Funkskizze für den EA Medizinische Rettung

Wie man dieser Funkskizze entnehmen kann, hat die Transportorganisation im Einsatz verschiedene Kommunikationspartner. Diese sind ...

- Einsatzabschnittsleitung Medizinische Rettung
- Leitstelle
- Leiter Erstversorgung (1, 2, ...)
- Leiter Bereitstellungsraum Rettungsdienst

... und im Unterabschnitt Transportorganisation:

- Patientenzuweisungsteam/Ticketteam
- Ladezone.

Verteilung der Behandlungskapazitäten

Zur Verteilung der Behandlungskapazitäten gibt es unterschiedliche Herangehensweisen. Eine Variante ist die Nutzung von softwaregestützten Systemen wie IVENA (Interdisziplinärer Versorgungsnachweis). Dieses System wird im Individualeinsatz eingesetzt und ermöglicht allen Beteiligten eine zielgerichtete Zuführung der Patienten. Auch für den MANV wird ein Modul vorgehalten. IVENA bietet eine schnelle Übersicht über vorhandene Behandlungskapazitäten. Die aufnehmenden Rettungsmittel informieren nach Patientenübernahme die Kliniken autark durch das System (es wird detailliert in Kap. 4.2.3 beschrieben).

Neben elektronisch gestützten Systemen gibt es auch analoge. Bei einem *Wellenplan* erkennt man die Behandlungskapazitäten einer Klinik in Bezug auf den zeitlichen Verlauf. Der Wellenplan zeigt übersichtlich an, welche Klinik wie viele Patienten der jeweiligen Sichtungskategorie in den ersten Stunden und dann nach X Stunden wieder neue Patienten aufnehmen kann. Da der Wellenplan analog ist, zeigt er nicht den aktuellen Ist-Stand der Klinik an. Wenn beispielsweise der Computertomograf außer Betrieb ist, können nur bedingt kritische Patienten eingeliefert werden.

Das analoge Ticketsystem ist kein einheitliches Tool. Die Gestaltung erfolgt auf Grundlage der eigenen Bedürfnisse. Im Kapitel 4.2.2 wird ein mögliches Ticketsystem detailliert beschrieben.

Bei allen Systemen gilt es zu verhindern, dass Behandlungskapazitäten mehrfach verteilt werden! Hier kommt den Zuweisungsteams (Kap. 4.2) eine besondere Rolle zu.

Dokumentation der Patientenverteilung

Es ist unabdingbar, die getroffenen Entscheidungen in Bezug auf die Patientenverteilung zu dokumentieren. Beachtet man hierbei, dass eine Dokumentation unter Umständen „im Freien", das heißt, ohne ELW o.Ä. erfolgt, so kann man sich vorstellen, dass im Vorfeld einige Weichen für eine reibungslose Dokumentation gestellt werden müssen. Eine gute Kommunikation zwischen den einzelnen Schnittstel-

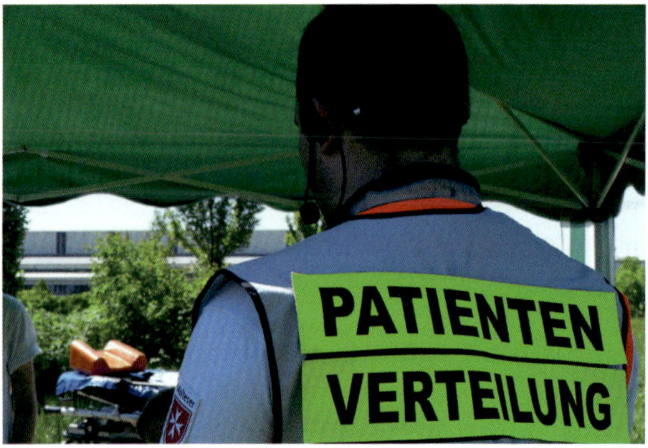

Abb. 5 ▶ Die Patientenverteilung sollte gekennzeichnet sein

len ist ebenso wichtig wie z.B. die Ausstattung der Ticketteams mit entsprechenden Kladden und Beleuchtung (z.B. Stirnleuchten). Normales Papier durchweicht bei Niederschlag und ein normaler Kugelschreiber schreibt bei diesen Verhältnissen nicht zuverlässig. Hier kann wasserfestes Papier in Kombination mit Grafitstiften Abhilfe schaffen.

4.2 Patientenzuweisung

Neben den vielen Herausforderungen, die sich während einer MANV-Lage ergeben, stellt die Transportorganisation und damit einhergehend die Patientenzuweisung eine besondere dar. Die hochkomplexe Aufgabe vereint die Parameter, den richtigen Patienten mit dem für ihn qualitativ erforderlichen Rettungsmittel im adäquaten Zeitfenster in die geeignete Klinik zu transportieren. Hierbei stellen die aufnehmenden Krankenhäuser den Faktor X dar. Daher sollten zwingend im Vorfeld mögliche Fachabteilungen und Versorgungskapazitäten erfragt und schriftlich dokumentiert werden.

Je nach Konzept bilden ein Notarzt und ein Notfallsanitäter/Rettungsassistent das Patientenzuweisungsteam (Ticketteam). Je nach Lage und zeitlichem Eintreffen entscheidet das Team nach Rücksprache mit dem Leiter Transportorganisation, ob es sich direkt in die Patientenablagen begibt und Patienten von dort aus auf die benötigten Krankenhausressourcen verteilt oder ob die Patienten durch Tragetrupps an eine zentrale Stelle verbracht werden und das Verteilungsteam von dort aus agiert.

Trifft die Transportorganisation mit ihren Komponenten Führung, Patientenzuweisungsteam und Leiter Ladezone frühzeitig an der Einsatzstelle ein, so empfiehlt es sich, die einzelnen Patientenablagen zu begehen und die Patienten von dort aus auf die Transportziele zu verteilen. Durch diese Taktik gewinnt man Zeit, da die Zuteilung bereits während der Erstversorgung stattfindet. Sollte kein Arzt für die Patientenzuweisung zur Verfügung stehen, kann hierbei durchaus auf den jeweiligen Mediziner der Patientenablage zurückgegriffen werden. Allerdings muss wegen der vergehenden Zeit bis zum realen Abtransport immer die Möglichkeit der Zustandsveränderung bei den Patienten berücksichtigt werden. Dadurch kann es zu Verschiebungen der Sichtungskategorie und des definierten Transportziels kommen.

Entscheidet sich das Team bei einem späteren Eintreffen dazu, die Patienten aus den Patientenablagen zur Ladezone zu transportieren und von dort aus zentral zu verteilen, so muss immer der Patientenfluss zwischen Patientenablagen und Ladezone beobachtet werden. Es gilt, die Bildung eines „Flaschenhalses" in der Ladezone und somit unnötige Wartezeiten zu vermeiden.

Die Frage, die sich das Patientenzuweisungsteam bei jedem Patienten stellen muss, ist: Für welche Klinik ist der Patient mit seiner Verletzung oder Erkrankung vorzusehen? Hierbei gilt, dass Patienten mit kritischen inneren Blutungen, beispielsweise durch stumpfe Bauchtraumata, durch die lokale Chirurgie versorgt werden müssen. Polytraumatisierte Kinder bis zu einem Alter von 16 Jahren, polytraumatisierte Schwangere und Patienten mit Schädel-Hirn-Trauma sollten einem Krankenhaus der Maximalversorgung zugewiesen werden. Alle anderen Patienten (hierzu zählen auch sonstige Polytraumapatienten) sind auf vorhandene Krankenhäuser und Kliniken der Nachbargebietskörperschaften zu verteilen. Luftgebundene Rettungsmittel sind möglichst zu nutzen. Sollte ein Krankenhaus mehrere Patienten einer höheren Sichtungskategorie aufnehmen können, so müssen diese Ressourcen möglichst zeitversetzt belegt werden, um einer Überlastung vorzubeugen und dem Krankenhaus einen gewissen Spielraum beim Personalansatz einzuräumen. Dies betrifft vor allem Ziele für Patienten mit den Sichtungskategorien I und II.

Das Patientenzuweisungsteam muss auch immer das laufende Tagesgeschäft der Krankenhäuser berücksichtigen. Die nahegelegenen Krankenhäuser dürfen ihre Ressourcen nicht nur mit Patienten aus der MANV-Lage belegen, ebenso müssen Kapazitäten für alltägliche Einsätze weiterhin verfügbar bleiben. Dies beinhaltet außerhalb einer digitalen Lösung der Patientenzuweisung eine enge Absprache mit der zuständigen Leitstelle.

Vielerorts haben Zuständige des Rettungsdienstes bereits für ihre MANV-Planungen Unterlagen für die Patientenzuweisung erstellt, teilweise in Form einer Verteilungsmatrix in Papierform, über Aufklebersätze (Tickets) mit Kapazitäten zum Aufbringen auf den Patientenanhängetaschen (PAT) bis hin zu digitalen Lösungen wie IVENA. Es ist gleichgültig, welche Möglichkeit vorgehalten wird, es gilt, den in dem Patientenzuweisungsteam eingesetzten Kräften eine Hilfestellung zu geben. Es ist nicht erstrebenswert, sich erst in einer Lage Gedanken über mögliche Kapazitäten zu machen. Hinzu kommt die psychische Belastung für die Einsatzkräfte: Eine Zuweisung bei begrenzten Kapazitäten kann sehr belastend wirken, vor allem, wenn Kinder involviert sind.

Des Weiteren sollte im Vorfeld eines MANV geklärt sein, welche Patientendaten initial zwingend erforderlich sind, um eine Zuweisung vorzunehmen. Hierbei muss dem Faktor Zeit eine besondere Beachtung zukommen. Strebt man eine möglichst lückenlose Dokumentation an, so ist man bei eventuellen Nachfragen detailliert auskunftsfähig, vergrößert allerdings das Zeitfenster. Hinzu kommt die Tatsache, dass viele Patienten nicht in der Lage sein könnten, genaue Angaben zu machen, da sie zu schwer verletzt sind, der Eindruck des Geschehenen zu groß ist, die Ängste und die Ungewissheit zu präsent sind. Dreht man das Ganze um 180 Grad, so fokussiert man nicht die komplette Dokumentation. Man beschränkt sich auf die Nummer der Patientenanhängetasche, das Geschlecht, das Transportziel und das adäquate Rettungsmittel. Dadurch verkürzt man das Zeitfenster zum Vorteil einer optimalen Patientenversorgung.

4.2.1 Zuweisung durch die Leitstelle

Plant man, Patienten aus MANV-Lagen durch die Leitstelle in den Kliniken anzumelden, so ist das mit Anmeldungen aus dem Tagesgeschäft nicht zwingend zu vergleichen. Deshalb muss auch die Leitstelle im Vorfeld Planungen und Prozessabläufe festlegen. Insbesondere die Personalaufstockung durch in Bereitschaft oder frei befindliches Personal stellt eine wichtige Maßnahme dar. Alarmierungswege müssen eingerichtet und interne Abläufe festgelegt werden.

Bei MANV-Lagen sollte sich in Integrierten Leitstellen je ein Disponent für den jeweiligen Bereich Feuerwehr oder Rettungsdienst verantwortlich zeigen. Ihm ist ein Schichtführer übergeordnet. Die gesamte Lage wird vom Tagesgeschäft abgekoppelt. Der Lagedienst agiert im Hintergrund und ist Ansprechpartner für den eingesetzten Schichtführer. Auch innerhalb der Leitstelle sollte nach FwDV 100 linear geführt werden. Im Einsatzverlauf kommt es aus der Lage heraus zu Patientenanmeldungen. Hierfür wird in der Regel ein zusätzlicher Einsatzsachbearbeiter gebunden.

Auch wenn das Einsatzkonzept vorsieht, dass die Leitstelle die Patienten auf die Kliniken verteilt, empfiehlt es sich, am Einsatzort einen Ansprechpartner für Patientenanmeldungen vorzuhalten, beispielsweise die Transportorganisation. Dieser kommuniziert über Funk mit dem Anmeldenden in der Leitstelle. Hierfür sollte möglichst eine eigene TMO-Rufgruppe zur Verfügung stehen und bereits im Vorfeld definiert worden sein. Sind die Positionen besetzt und die Kommunikationswege geklärt, werden Patienten mit den für die Anmeldung notwendigen Eckdaten durch die Transportorganisation der Leitstelle mitgeteilt.

Sollte die Anmeldung aus der Leitstelle zu den jeweiligen Kliniken telefonisch erfolgen, so muss der Anmeldende die Krankenhäuser über diesen Kommunikationsweg informieren. Die relevanten Nummern sollen im Vorfeld erfasst und dokumentiert werden. Die telefonische Anmeldung kann unter Umständen Zeit und Nerven kosten. Auch wenn die umliegenden Krankenhäuser im Vorfeld über die MANV-Lage informiert wurden, können Telefonleitungen besetzt sein, was zu mehrfachen Anrufversuchen führt. Des Weiteren ist es möglich, dass Ansprechpartner in den Kliniken mit dem Einsatzsachbearbeiter diskutieren und den jeweiligen Patienten aus verschiedenen Gründen nicht aufnehmen möchten. Dies alles führt zu deutlichen Verzögerungen, die weitere Anmeldungen ausbremsen.

Arbeitet die Leitstelle mit digitalen Anmeldetools, wie beispielsweise IVENA, erübrigen sich die Telefonate. Doch auch dabei gibt es Fehlerquellen. So benötigt der Einsatzsachbearbeiter Informationen zu jedem einzelnen Patienten, z. B. Geschlecht, Alter und transportierendes Rettungsmittel. Ohne diese Angaben ist eine Anmeldung nicht möglich. Ein Einsetzen von frei erfundenen Angaben durch den Anmeldenden ist nicht zielführend und würde die aufnehmenden Kliniken vor falsche Tatsachen stellen. Diese stellen sich aufgrund der Angaben, die ohnehin schon reduziert sind, so gut wie möglich auf die Patienten ein.

Grundsätzlich spielt es keine Rolle, über welches System Patienten aus MANV-Lagen durch die Leitstelle angemeldet werden. Bei allen kann es durch Kommunikationsfehler zu Missverständnissen kommen, die sich gleich dem Stille-Post-Prinzip durch die gesamte Patientenanmeldung ziehen und diese verfälschen. Daher sollte über alternative Anmeldemöglichkeiten nachgedacht werden. Wird die Transportorganisation durch einen Einsatzleitwagen (ELW) als Führungsmittel unterstützt, ist es durchaus denkbar, die Anmeldung über diesen durchzuführen. Selbstverständlich ist eine Informationsübermittlung auch hier indiziert, doch durch die räumliche Nähe zur Lage können Missverständnisse oder Informationsdefizite schneller und somit effektiver geklärt werden.

Egal, ob Patientenanmeldungen über die Leitstelle oder durch einen Einsatzleitwagen getätigt werden, elementar ist auch hier die Vorhaltung einer Redundanz wegen möglicher Internet- und Telefonnetzausfälle. Hierbei sollten auch immer die Kliniken einbezogen werden. Vorstellbar sind Listen, die händisch auszufüllen sind, die schriftliche Hinterlegung von Telefon-, Fax-, E-Mail- und Funkkontakten sowie die Ausstattung aller Beteiligten mit sämtlichen Kommunikationsmöglichkeiten.

4.2.2 Ticketsystem und Ticketteam

Das Ticketsystem ist ein aufkleberbasiertes Patientenverteilungssystem. Alle regionalen und überregionalen Krankenhäuser sind mit ihren Aufnahmekapazitäten und Fachdisziplinen als gedruckte Aufkleber vorhanden. Die jeweiligen Bögen sind in MANV-Stufen unterteilt, sodass für beispielsweise MANV 20 ausreichend Häuser nach dem jeweiligen SK-Verteilungsschlüssel vorgehalten werden. Sollten dennoch von einer SK-Kategorie mehr benötigt werden, als vorhanden sind, dann muss die MANV-Stufe erhöht und es müssen die dafür vorgesehenen Bögen genutzt werden. Pro

Patient wird vom Ticketteam ein Aufkleber auf die Patientenanhängetasche geklebt. Dieser beinhaltet die Sichtungskategorie und das jeweilige Transportziel.

Die Transportorganisation übernimmt ab einer in der jeweiligen Alarm- und Ausrückeordnung (AAO) festzulegenden Patientenzahl die Verteilung der Behandlungskapazitäten. Dieser Vorgang ist komplex und erfordert ein fundiertes medizinisches Wissen

- zur Einschätzung des Patientenzustandes,
- zur Priorisierung (Transportreihenfolge),
- zur Wahl der richtigen Klinik aufgrund der vorhandenen Verletzungen bzw. Erkrankungen

sowie ein überdurchschnittliches Organisationstalent

- zur Auswahl der richtigen Zielklinik hinsichtlich der benötigten Fachdisziplinen und
- zu Berechnungen der Transportdauer
- mit dem jeweils erforderlichen Rettungsmittel.

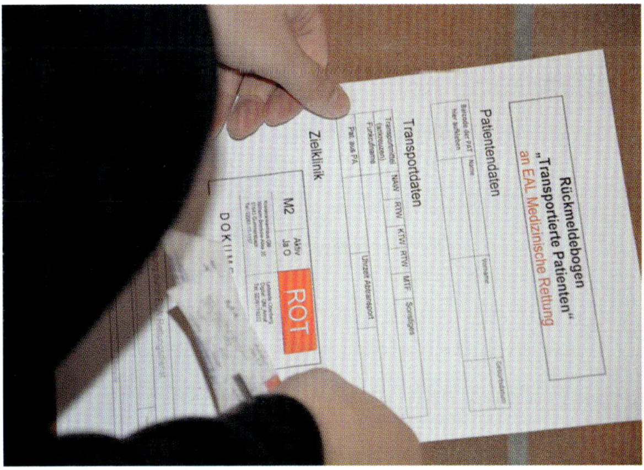

Abb. 6 ▶ Ticketsystem in der Praxis

Vor einigen Jahren war es selbstverständlich, dass diese Aufgabe ausnahmslos durch einen Arzt/eine Ärztin durchgeführt werden musste. Bedenkt man nun jedoch, dass ärztliches Personal eine Mangelressource bei einem MANV darstellt, so sollte man zu dem Schluss kommen, dass die Ticketteams auch aus nicht-ärztlichem Personal zusammengestellt werden können.

Unabdingbar für die Arbeit im Ticketteam ist neben einer medizinischen Qualifikation, zum Beispiel Notfallsanitäter, die gründliche Einweisung in das vorhandene Ticketsystem sowie in den festgelegten Workflow. Hier bieten sich spezielle Schulungen an, die die Teams während ihrer Arbeit mit dem anfallenden psychischen Druck konfrontieren. Man stelle sich vor, es müssen rationale Entscheidungen getroffen werden, obwohl man zwischen schwerstverletzten oder sogar bereits verstorbenen Menschen steht! Hier heißt es, (bestmöglich) ruhig zu bleiben und die Behandlungskapazitäten strickt nach den Konzeptvorgaben sowie den tatsächlichen Verletzungsmustern zu verteilen. Durch die Konzentration auf die Situation und die Aufgabe reduzieren sich die psychischen Belastungen.

Ein Ticketsystem soll zum einen die Arbeit der Teams, die die Verteilung der Patienten übernehmen, vereinfachen:

- Die Tickets sind übersichtlich.
- Die Fachrichtungen der jeweiligen Klinik sind deutlich aufgeführt.
- Auf den Tickets ist erkennbar, ob ein Rettungshubschrauber (RTH) an der Klinik landen kann. (cave: Bei einigen Kliniken muss ein RTW zum Landeplatz entsendet werden, um den Patienten dort abzuholen. In einer MANV-Lage könnten hierfür vorgesehene RTW im Einsatz gebunden sein und somit nicht zur Verfügung stehen.)

Ticket Nr.	Zielhaus	Fachrichtungen und Hubschrauberlandung möglich	Kontakttelefon	Uhrzeit 1. Abfrage	Aktiviert	Kapazität Verfügbar	Übermittelt an Ticketteam
N1	Helios Wipperfürth	UC AC Gyn RTH	022678897100		Ja	Nein	
N2	Bethesda Wuppertal	UC AC NC Gyn	02022902411		Ja	Nein	
N3	Petrus Wuppertal	UC AC Gyn	02022992112		Ja	Nein	
N4	Helios Schwelm	UC AC HNO Gyn Uro Päd RTH	02336486404		Ja	Nein	
N5	Sana Remscheid	UC AC HNO Gyn Päd	02191137410		Ja	Nein	
N6	KKH Lüdenscheid	UC AC MKG HNO Gyn Auge Uro Päd RTH	02351463962		Ja	Nein	
N7	KH Olpe	UC AC HNO Gyn Auge RTH	02761851977		Ja	Nein	
N8	Klinikum Innenstadt Leverkusen	UC AC HNO Gyn Uro Päd RTH	021413126		Ja	Nein	
N9	Helios Barmen	MAXIMALVERSORGER	02028962112		Ja	Nein	
N10	BG Klinik Bergmannsheil	MAXIMALVERSORGER	02343020		Ja	Nein	
N11	KH Merheim	MAXIMALVERSORGER	022189073600		Ja	Nein	
N12	Uni Köln	MAXIMALVERSORGER	02214786666		Ja	Nein	
N13	KH Jung Stilling Siegen	MAXIMALVERSORGER	027133340400		Ja	Nein	
N14	KH Witten	MAXIMALVERSORGER	023021730		Ja	Nein	
N21	Sana Remscheid	UC AC Gyn Päd	02191137410		Ja	Nein	
N22	Helios Schwelm	UC AC HNO Gyn Uro Päd RTH	02336480		Ja	Nein	
N23	Helios Barmen	MAXIMALVERSORGER	02028962112		Ja	Nein	
N24	Bethesda Wuppertal	UC AC NC Gyn	02022902411		Ja	Nein	
N25	EVK Bergisch Gladbach	UC AC Gyn	022021220		Ja	Nein	
N26	KKH Lüdenscheid	UC AC MKG HNO Gyn Auge Uro Päd RTH	02351463962		Ja	Nein	
N27	Klinikum Innenstadt Leverkusen	UC AC HNO Gyn Uro Päd RTH	021413126		Ja	Nein	
N28	St.Remigius Leverkusen	UC AC HNO Gyn	021714090		Ja	Nein	
N29	KKH Lüdenscheid	UC AC MKG HNO Gyn Auge Uro Päd RTH	02351463962		Ja	Nein	
N30	Sana Remscheid	UC AC Gyn Päd	02191130		Ja	Nein	
N31	KH Witten	MAXIMALVERSORGER	023021730		Ja	Nein	
N32	MKH Bergisch Gladbach	UC AC Gyn Uro	022029380		Ja	Nein	
N33	Sana Remscheid	UC AC Gyn Päd	02191137410		Ja	Nein	
N34	KKH Gummersbach	UC AC HNO Gyn Päd RTH	02261171209		Ja	Nein	
N35	Klinikum Innenstadt Leverkusen	UC AC HNO Gyn Uro Päd RTH	021413126		Ja	Nein	
N40	KH Engelskirchen	UC AC Uro	02263810		Ja	Nein	
N41	Sana Radevormwald	UC AC RTH	021956000		Ja	Nein	
N42	KKH Gummersbach	UC AC HNO Gyn Päd RTH	02261171209		Ja	Nein	
N43	KKH Gummersbach	UC AC HNO Gyn Päd RTH	02261171209		Ja	Nein	

Abb. 7 ▶ Schnellübersicht „Ticketsatz Nord bis 50 Patienten" des Oberbergischen Kreises

Zum anderen soll es möglichst alle Fragen für die Teams der transportierenden Rettungsmittel beantworten:

- Name und Anschrift der Zielklinik
- Angabe der zuständigen Rettungsleitstelle, in deren Gebiet sich die Zielklinik befindet.

Grundlage für ein Ticketsystem ist ein vorher angefertigtes Krankenhauskataster, aus dem die Fachrichtungen und die Aufnahmekapazitäten der jeweiligen Klinik erkennbar sind.

Beispiel für ein Ticketsystem eines Rettungsdienstes in Nordrhein-Westfalen

Auf dem *Hauptticket* befinden sich relevante Informationen für das Ticketteam sowie für das Team des transportierenden Rettungsmittels. So sind die Sichtungskategorie, das Transportziel, die zuständige Leitstelle und die jeweiligen Fachdisziplinen ersichtlich. Das Hauptticket wird auf die Patientenanhängetasche geklebt. Alle Tickets in diesem Ticketbundle müssen vor Transportbeginn durch eine telefonische Abfrage bei den jeweiligen Kliniken aktiviert werden.

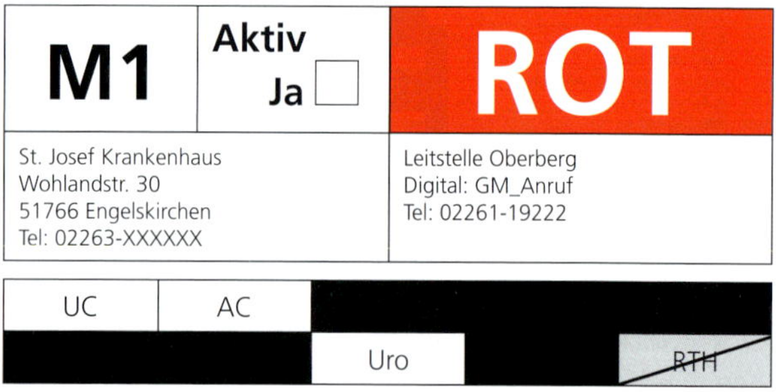

Abb. 8 ▶ „Hauptticket“ Rettungsdienst Oberbergischer Kreis

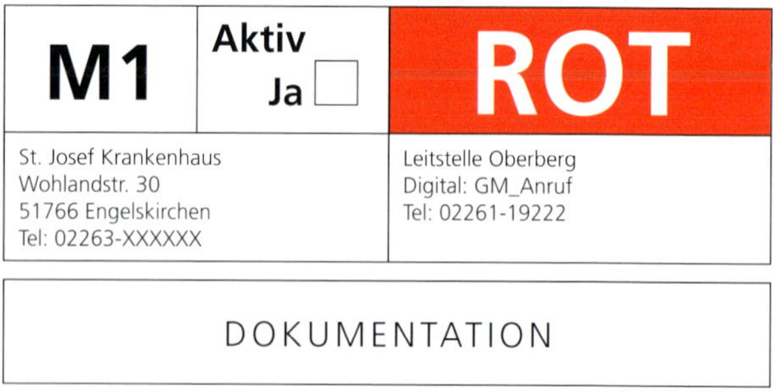

Abb. 9 ▶ „Dokumentationsticket“ Rettungsdienst Oberbergischer Kreis

Das *Dokumentationsticket* wird auf den Rückmeldebogen geklebt. Dieses Dokument wird dann in den Einsatzleitwagen der Einsatzabschnittsleitung Medizinische Rettung gebracht. Zum einen dient es dem LNA und dem OrgL als Nachweis darüber, dass dieser Patient die Ladezone verlassen hat, zum anderen wird dieser Bogen zur Personenauskunftsstelle (PASS) weitergeleitet. Auf diesem Weg

Rückmeldebogen
„Transportierte Patienten"
an EAL Medizinische Rettung

Patientendaten:

Barcode/Nummer der PAT hier aufkleben	Name	Vorname	Geburtsdatum

Transportdaten:

Transportmittel	NAW	RTW	KTW	RTH	MTF	Sonstige
ankreuzen ▶						
Funkrufname:						
Patient aus PA / Uhrzeit Abtransport						

Zielklinik:

Ticket „Dokumentation"

hier einkleben

Ab hier Bearbeitung durch ELW Rettungsdienst		
Rückmeldebogen gefaxt an		Handzeichen

Abb. 10 ▶ „Rückmeldebogen" Rettungsdienst Oberbergischer Kreis

erhält die Personenauskunftsstelle (in einigen Bundesländern auch als PASt bezeichnet) die für ihre Arbeit notwendigen Informationen.

4.2.3 IVENA

Die Verteilung und die Anmeldung von Patienten im rettungsdienstlichen Tagesgeschäft erfolgen bundesweit über verschiedene Systeme. Neben der noch teilweise bestehenden klassischen Variante, dass der Rettungsdienst via Funk der Leitstelle meldet und der Einsatzsachbearbeiter in der Leitstelle mit dem ausgewählten Krankenhaus telefoniert, setzen sich mehr und mehr digitale Lösungen durch.

Eine digitale Lösung stellt der interdisziplinäre Versorgungsnachweis IVENA dar. Diese webbasierte Möglichkeit der Patientenanmeldung bringt diverse Vorteile mit sich. Neben den im Nahbereich liegenden Kliniken können auch weiter entfernte Krankenhäuser aufgerufen werden. Informationen zu den einzelnen Kliniken (wie beispielsweise Kontaktdaten oder vorhandene Landeplätze für Luftrettungsmittel) können direkt abgerufen werden. Verfügbare Fachdisziplinen sind auf den ersten Blick erkennbar, eine Kapazitätsauslastung lässt sich anhand von Echtzeitpatientenzuweisungen eruieren. Durch erweiterte Parametereingaben zum Patienten – wie beispielsweise intensivpflichtig, beatmet, ansteckungsfähig, Schockraum und Arbeitsunfall – können die für die Aufnahme infrage kommenden Krankenhäuser eingegrenzt werden. Dies ermöglicht den Rettungsdiensten und Leitstellen eine zügige und unkomplizierte Wahl. Nicht aufnahmebereite Krankenhäuser erscheinen im System in Rot. Anhand eines Zeitstrahls lässt sich die Dauer der Abmeldung anzeigen. Mittels eines sechsstelligen Patientenzuweisungscodes (PZC) sucht das Programm aufnahmebereite Kliniken und überlässt dem Nutzer die endgültige Zuweisung. Der Code setzt sich aus der Rückmeldeindikation (Diagnose, drei Ziffern), dem Alter des Patienten (1–99) und der Behandlungspriorität (rot 1, gelb 2, grün 3) zusammen.

Bei allen Vorteilen der Digitalisierung sollte immer eine Redundanz gegeben sein, falls es einen Systemausfall gibt. In der Regel bleibt nur die telefonische Variante der Patientenanmeldung als Alternative.

Im Vorfeld müssen bei der Einrichtung des Systems und fortwährend im laufenden Betrieb die Versorgungsmöglichkeiten der angebundenen Kliniken erfasst und aktuell gehalten sein. Versorgungskapazitäten werden den einzelnen Fachdisziplinen und damit verbundenen Rückmeldeindikationen zugewiesen. Den Kliniken muss bewusst sein, dass, wenn sie einzelne Kapazitäten via IVENA melden, sie diese auch vorhalten und anbieten müssen. Sollten einzelne gemeldete Fachdisziplinen aus bestimmten Gründen abgemeldet werden, so muss das jeweilige Krankenhaus eine Onlineabmeldung durchführen, damit alle angebundenen Organisationen dies bei IVENA erkennen können. Für die Abmeldung sollten die Krankenhäuser interne Prozesse erstellen und die Mitarbeiter schulen. Oftmals erfolgt eine Abmeldung vom System deutlich zeitverzögert, wenn die Klinik der Auffassung ist, eine telefonische Information an die zuständige Leitstelle würde ausreichen. Dem ist allerdings nicht so, da alle angebundenen Leitstellen die aktuelle Deklaration bei IVENA zugrunde legen.

Allen technischen Unterstützungen sind Grenzen gesetzt: So müssen die Rettungsdienste bei Patienten der Behandlungspriorität 1 immer noch zusätzlich in der aufnehmenden Klinik anrufen, um weitere Informationen zum Patientenstatus mitzuteilen, die nicht über IVENA abgebildet werden können (wie z.B. Unfallkinetik).

Für MANV-Lagen wurde seitens der IVENA betreibenden Firma ein separates Modul programmiert. Es erleichtert den Einsatzkräften eine Patientenanmeldung und setzt die Krankenhäuser vorab über die größere Einsatzlage in Kenntnis. Die an der MANV-Lage beteiligten Kliniken erhalten einen Voralarm mit den wichtigsten Eckdaten zum Großeinsatz. Nach Lagebestätigung ändert die Leitstelle den Voralarm in einen aktiven Alarm. Die Krankenhäuser können ihre internen Alarmpläne aktivieren. Aus der Lage heraus, entweder direkt über einen ELW 1 der Transportorganisation oder alternativ durch die Leitstelle, werden die Patienten über eine vereinfachte Eingabemaske angemeldet: Die gewohnte Übersicht bleibt erhalten, sodass sich der Benutzer nicht umstellen muss, jedoch ist die Fülle der Angaben ausgedünnt. Zur Patientenanmeldung müssen lediglich das Geschlecht, das Alter, die Nummer der PAT/Verletztenanhängekarte und der Funkrufname des transportierenden Rettungsmittels angegeben werden. Patienten, deren Verletzungen/Erkrankungen eine besondere Fachdisziplin erfordern, können, wie gewohnt, über den PZC angemeldet werden. Nach Eingabe und Bestätigung des Codes sucht das Programm aus den angezeigten Krankenhausressourcen die geeigneten heraus und visualisiert sie dem Nutzer blau hinterlegt. Es erfolgt die Anmeldung über die vereinfachte Eingabemaske. Die an der MANV-Lage beteiligten Krankenhäuser können in Echtzeit Änderungen an ihren hinterlegten Behandlungskapazitäten vornehmen. Somit werden dem Anmeldenden immer die aktuell vorgehaltenen Kapazitäten angezeigt. Die Patientenanmeldungen aus dem aktuellen Tagesgeschäft und der MANV-Lage werden durch das System abgeglichen, auf die offenen Behandlungskapazitäten gespiegelt und dem Nutzer angezeigt, sodass eine Krankenhausüberbelegung weitestgehend ausgeschlossen werden kann.

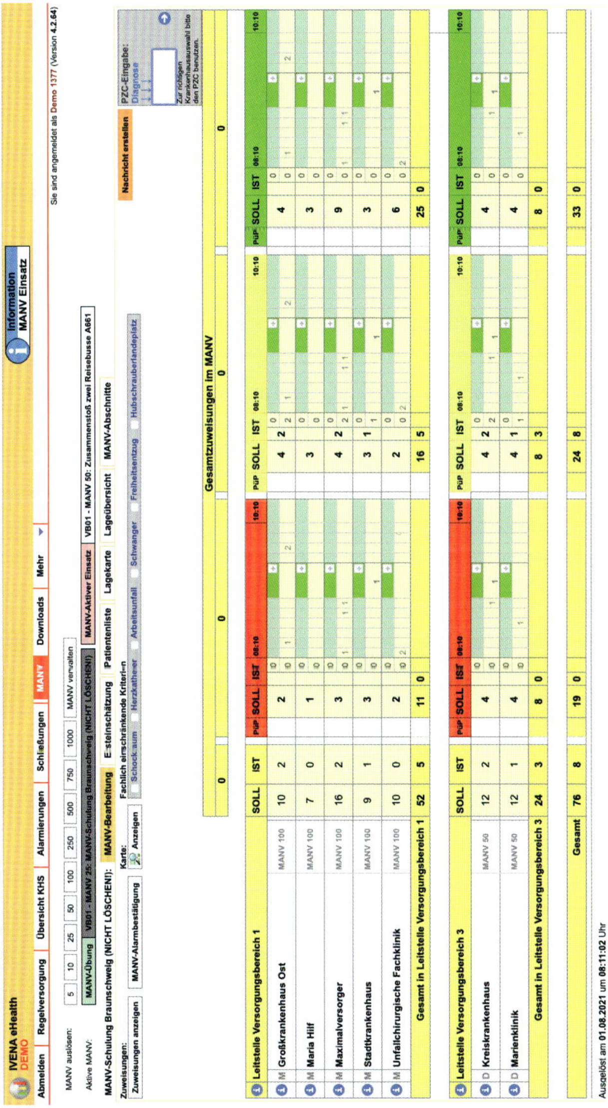

Abb. 11 ▶ Beispielansicht zum IVENA-MANV-Modul

Für die spätere Dokumentation des Einsatzes lassen sich über das Programm die jeweiligen Zuweisungen aus dem MANV in Form von Patientennummer der Anhängetasche, Zielkrankenhaus, Sichtungskategorie, Zeiten der Anmeldung bis Eintreffen des Rettungsmittels usw. generieren und als Excel-Datei speichern. Smartphone-Apps für PZC und MANV runden das Angebot ab.

4.2.4 Sektorensystem

Eine weitere Möglichkeit der Patientenzuweisung besteht darin, dass eine Stadt oder ein Landkreis vorab in mehrere Sektoren aufgeteilt wird. Die Sektorentrennung wird auch als Kuchenmodell bezeichnet. Dabei verfügt jeder Sektor („Kuchenstück") über eine bestimmte Anzahl von Krankenhäusern mit entsprechender Versorgungsstufe (Sichtungs-

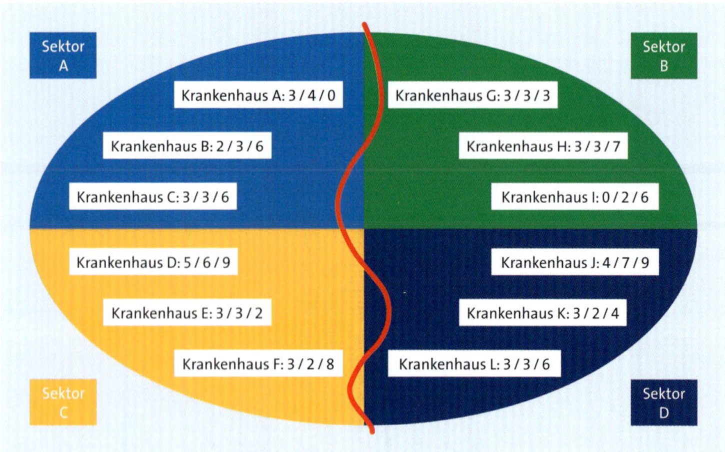

Abb. 12 ▶ Sektoreneinteilung einer Stadt/eines Landkreises (Krankhauskapazitäten SK I / SK II / SK III)

kategorie I, II, III). Die Aufteilung kann anhand von geografischen Gegebenheiten erfolgen, wie z. B. Bundesstraßen oder Flüssen. Der große Vorteil bei solch einer Vorplanung bzw. Aufteilung liegt darin, dass, wenn es zu Parallelereignissen kommt, wie bei den Anschlägen von Paris (2015), jeder Sektor in der Anfangsphase seine eigenen Krankenhauskapazitäten besitzt, auf die er zurückgreifen kann. Es besteht aber auch die Möglichkeit, dass Sektoren bei einem MANV zusammengelegt werden, zum Beispiel:

- Sektor A und B / Sektor C und D
- Sektor A und C / Sektor B und D.

Bei einem Ereignis in der Stadt/im Landkreis kann auf alle Kapazitäten der Krankenhäuser (A bis D) zurückgegriffen werden.

4.2.5 Patienten mit Verbrennungen

Das eingangs erwähnte Flugtagunglück von Ramstein (1988) ist noch vielen in Erinnerung: Bei der Flugfigur „Das durchstoßene Herz" der italienischen Kunstflugstaffel Frecce Tricolori kam es zur Katastrophe: Drei der zehn Kunstflugzeuge kollidierten in der Luft, ein Jet rutschte brennend in die Zuschauer, die zudem von rund 800 Litern brennendem Kerosin übergossen wurden. Es gab etwa 1.000 Verletzte, davon etliche mit schwersten Verbrennungen. Die hohe Anzahl von Verletzten und vor allem der Schwerstbrandverletzten sorgte für erhebliche Probleme bei der Koordination der Rettungsmaßnahmen. Auch wenn solche Unglücke selten vorkommen, kann eine hohe Anzahl von Patienten mit Verbrennungen die Transportorganisation vor eine große Herausforderung stellen, da die ohnehin schon geringen Ressourcen und Kapazitäten von Rettungsdiensten und Krankenhäusern auf eine sehr spezielle Art der Verletzung treffen. Deutschlandweit gibt es 36 Spezialkliniken mit Kapazitäten von rund 170 Betten für Schwerbrandverletzte. Nicht jede Klinik kann Erwachsene und Kinder gleichermaßen versorgen. Über die „Zentrale Anlaufstelle für die Vermittlung von Krankenhausbetten für Schwerbrandverletzte" der Einsatzzentrale/Rettungsleitstelle der Feuerwehr Hamburg erfolgt eine entsprechende Verteilung. Diese ist telefonisch unter 040/42851-4950, Telefax 040-42851-4269 sowie per E-Mail einsatzmeldungen@feuerwehr.hamburg.de 24/7/365 erreichbar.

Die Überlastung eines Zentrums für Brandverletzte muss unbedingt unterbleiben, deshalb müssen frühzeitig die Kapazitäten entfernt gelegener Zentren abgeklärt werden. Lufttransportmittel müssen in der Initialphase alarmiert und in den Einsatz eingebunden werden, damit man die weiten Transportwege zu den Kliniken effektiv überbrücken kann. In grenznahen Regionen sollte bei der Patientenzuweisung und Transportorganisation auch immer an die Zentren für Brandverletzte der Nachbarstaaten gedacht werden.

Indikationen für einen Transport in ein Zentrum für Patienten mit Verbrennungen

- Alter < 8 Jahre und > 60 Jahre, Vorerkrankungen
- verbrannte Körperoberfläche (VKOF) > 15 % (II°) bzw. VKOF > 10 % (III°)
- Verbrennungen im Gesicht, am Hals, an Händen, Füßen, Gelenken oder der Anogenitalregion
- zirkuläre Verbrennungen am Rumpf bzw. an Extremitäten
- Verbrennungen durch Hochspannung
- Verbrennungen mit Inhalationstrauma
- mechanische Begleitverletzungen.

4.2.6 Patienten für die Druckkammer

Herausfordernd sind Patienten mit einer Kohlenstoffmonoxid-Intoxikation, die eine Indikation für eine hyperbare Sauerstofftherapie (HBO) erfüllen, denn hier sind die begrenzten Ressourcen und der Patiententransport zu einer verfügbaren Druckkammer logistisch aufwendig. Laut dem Verband Deutscher Druckkammerzentren e.V. muss bei Patienten, die Rauchgasen oder sonstigem Kohlenstoffmonoxid (CO) ausgesetzt waren und die nachfolgend aufgeführten Symptome/Voraussetzungen vorweisen, eine HBO in Betracht gezogen werden:

- Patienten, die eine geringe Toleranz gegenüber CO haben (z.B. Schwangere, Kleinkinder und Säuglinge, Patienten mit einer koronaren Herzkrankheit)
- bewusstlose/komatöse Patienten
- auch nur vorübergehend bzw. kurzzeitig bewusstlose Patienten mit und ohne weitere Symptome.

In Deutschland gibt es derzeit ca. 30 Druckkammern, von denen lediglich zehn über eine 24-Stunden-Bereitschaft verfügen. Von den zehn Druckkammern sind wiederum acht für die Versorgung von Intensivpatienten ausgelegt.

Sollte eine Druckkammer benötigt werden, erfolgt die Disposition über die zuständige Rettungsleitstelle. Die zentrale Verteilungsstelle für Deutschland ist bei der Feuerwehr Wiesbaden angesiedelt. Weitere Informationen können unter anderem über die Website der Gesellschaft für Tauch- und Überdruckmedizin e.V. unter *www.gtuem.org* bezogen werden. Hier findet sich auch eine aktuelle Liste über Notfallzentren für Tauchunfälle und Druckkammern mit 24-stündiger und eingeschränkter Dienstbereitschaft für Deutschland, Österreich und die Schweiz.

Wenn ein Hubschraubereinsatz beispielsweise wetterbedingt nicht möglich ist, muss die Transportorganisation unbedingt beachten, dass es zu längeren bodengebundenen Transportzeiten kommen kann.

4.2.7 Kinder als Betroffene

Eine besondere Situation für die Transportorganisation ergibt sich, wenn viele Kinder durch den MANV betroffen sind. Es muss nicht nur die Unterbringung in Kliniken, Sammel- oder Notunterkünften gewährleistet sein, sondern vor allem auch die sichere Beförderung. Für die Beförderung von Kindern gelten besondere Auflagen, wie u. a. in § 21 StVO festgelegt ist. So müssen Kinder bis zu einem Alter von einschließlich 12 Jahren oder 150 cm Körpergröße in Kraftfahrzeugen zusätzlich gesichert werden. Neugeborene, Säuglinge und Kleinkinder bis zu einem Körpergewicht von 13 kg oder einem Alter von 15 Monaten sollten immer in einer Babyschale (umgangssprachlich auch Maxi-Cosi®) in der rückwärtsgerichteten Position befördert werden. Folgend ist ein Transport nur im Kindersitz zugelassen. Mit zunehmendem Alter und Gewicht wird der Kindersitz durch einen Sitzerhöher ersetzt. Der ADAC weist darauf hin, dass Sitzerhöher aus prüftechnischen Gründen nur eine ECE-Zulassung bis zu einem Gewicht von 36 kg besitzen. Weiter heißt es beim ADAC, dass nach Auskunft der Bundesanstalt für Straßenwesen und dem Verkehrsministerium Sitzerhöher auch für Kinder mit einem Gewicht über 36 kg geeignet seien. Kinder liegend zu transportieren, stellt in der Regel kein großes Problem dar. Mittlerweile sollte es obligat sein, dass Rettungsmittel mit Kinderrückhaltesystemen ausgestattet sind. Für den Transport einer größeren Anzahl von Sitzenden eignen sich in der Regel Mannschaftstransportwagen (MTW), die mehrere Personen gleichzeitig transportieren können. Für Omnibusse über 3,5 t gibt es jedoch keine generelle Kindersitzpflicht.

Sollte ad hoc eine größere Anzahl von Sitzerhöhungen benötigt werden, so ist bei der Anforderung von geeigneten Transportmitteln auf diesen Bedarf hinzuweisen. Oftmals halten auch Freiwillige Feuerwehren, Hilfsorganisationen, das Technische Hilfswerk und Sportvereine eine größere Anzahl an Sitzerhöhungen für ihre Jugendabteilungen vor. Jedoch sollte deren Nutzung aus verunfallten Fahrzeugen dringend abgewogen werden, da Kinder ihre Erlebnisse damit künftig assoziieren könnten. Darauf ist auch zu achten, wenn es sich beim MANV um Busunfälle mit Schulkindern oder Ausflugsgruppen handelt. Fordert die Einsatzleitung einen Ersatzbus an, dann sollte sie darauf achten, dass möglichst nicht das äußerlich gleiche Modell bereitgestellt wird, denn dadurch kann es zu weiterer psychischer Dekompensation der Betroffenen kommen.

Selbstverständlich werden polytraumatisierte, schwerverletzte oder mittelschwerverletzte Kinder in die geeigneten Kliniken transportiert. Was ist aber mit Leichtverletzten oder unverletzt Beteiligten? Meistens befinden sich bei einer größeren Anzahl betroffener Kinder immer Lehrkräfte, Erzieher, Betreuer oder im besten Fall sogar Eltern mit vor Ort. Diese sind für unverletzte, aber von den Ereignissen beeindruckte Kinder Bezugspersonen, zu denen ein Vertrauensverhältnis besteht. Diese Beziehung ist zu nutzen, gerade wenn die Beteiligten durch die Einsatzleitung in Betreuungseinrichtungen verbracht und untergebracht werden. Problematisch wird es, wenn die genannten Bezugspersonen selbst verletzt sind und versorgt sowie transportiert werden müssen. Hier ist eine Trennung oftmals nicht auszuschließen. Für diese individuellen Situationen gibt es kein Patentrezept. Fingerspitzengefühl und Einfühlsamkeit stehen an erster Stelle. Es sollte schnellstmöglich Kontakt zu vertrauten Personen aufgenommen werden. Ist vorerst die Unterbringung in einer Sammelunterkunft geplant, um dort eine psychosoziale Nachsorge anzubieten und die betroffenen Kinder von ihren Erziehungsberechtigten abholen zu lassen, sollten die Transporte erst stattfinden, wenn alle Vorbereitungen in der Unterkunft abgeschlossen sind. Dies muss die Einsatzleitung klären. Außerdem sollten auf Kinder ausgerichtete PSNV-Teams angefordert werden. Bei der Abholung durch Erziehungsberechtigte müssen (!) die persönlichen Daten des Abholenden, ggf. unter Vorzeigen des Personalausweises, dokumentiert werden.

Bedürfen mehrere der jungen Patienten einer medizinischen Sichtung durch Pädiater oder sonstige Fachdisziplinen, so ist zu empfehlen, diese nicht auf diverse Krankenhäuser zu verteilen, sondern nach Möglichkeit kleinere Gruppen zusammen zu transportieren und vorstellig werden zu lassen. Dabei sollte sie möglichst eine Bezugsperson begleiten.

4.2.8 Infektionspatienten

Bei einer größeren Anzahl von Infektionspatienten stellen sich der Transport und die Unterbringung als schwierig dar. Grundsätzlich sollten alle in die Lage eingebundenen Einsatzkräfte auf mögliche Infektionspatienten achten. Stellt sich heraus, dass ein Patient infektiös ist, so sind alle erforderlichen und vor Ort möglichen Schutzmaßnahmen, nebst einer Isolation, zu treffen.

Das durch die Transportorganisation definierte Zielkrankenhaus wird im Vorfeld explizit informiert. Dafür empfiehlt sich der telefonische Kontakt. Ebenso ist das mit dem Transport beauftragte Team in Kenntnis zu setzen.

Bei außergewöhnlichen Infektionserkrankungen sollte der Kontakt zu spezifischen Beratungsstellen, exemplarisch das Hamburger Bernhard-Nocht-Institut für Tropenmedizin, in Erwägung gezogen werden.

Hierbei empfiehlt es sich dringend, im Vorfeld zu planen und festzulegen, wie mit Infektionspatienten bei MANV-Lagen umzugehen ist. Eine Separierung in einer eigens errichteten Patientenablage ist zu überlegen. Diese sollte speziell gekennzeichnet und möglichst abgeschirmt sein. Alle dort eingesetzten Kräfte müssen die vorgeschriebenen Schutzmaßnahmen beachten und das benötigte Material muss verfügbar sein. Es gilt, neben den Einsatzkräften auch alle nicht-infektiösen Patienten zu schützen!

Die Transportorganisation und die Einsatzabschnittsleitung Medizinische Rettung müssen sich darüber im Klaren sein, dass Teams, die einen infektiösen Patienten transportieren, im Nachgang nicht mehr zur Verfügung stehen. Aus diesem Grund muss frühzeitig über Kräfteressourcen und damit verbundene Nachalarmierungen nachgedacht werden.

Des Weiteren sollte immer mit dem LNA eine Transporterfordernis geprüft werden. Eine Norovirus-Ausbreitung in einem Altenpflegeheim muss zum Beispiel nicht zwingend zu einer großen Anzahl von Transporten führen.

Für den Fall, dass bei epidemiologischen Lagen die örtlichen Möglichkeiten der Patientenverlegung ausgereizt sind, wurde in Niedersachsen die interdisziplinäre Steuerungszentrale (ISZ) eingerichtet, damit sie Verlegungsoptionen prüft und Informationen an die Krankenhäuser und ggf. Leitstellen weitergibt. Weiterhin wurde auf Bundesebene das Kleeblattkonzept initiiert, welches das ISZ-Konzept auf die gesamte Bundesrepublik spiegelt: Zur besseren Verteilung wurde das Bundesgebiet in fünf „Kleeblätter“ (Nord, Ost, West, Südwest, Süd) unterteilt. Jedes einzelne „Kleeblatt“ wird durch einen Single Point of Contact (SPoC) geführt. Dieser beobachtet die Bettenauslastung in seinem jeweiligen Bereich. Sollte es im zuständigen oder einem anderen Bereich zu einer Überlastung der Kapazitäten kommen, übernimmt der SPoC die Koordination der Patientenverteilungen aus dem „Kleeblatt“ heraus, aber

Abb. 13 ▶ Kleeblattstruktur

auch die Patientenaufnahme aus anderen „Kleeblättern" in enger Abstimmung mit den weiteren zuständigen SPoC. Sobald der Kontakt hergestellt wurde, sollen die betroffenen Kliniken die weitere planerische Kommunikation übernehmen. Somit haben die SPoC eine Vermittlerrolle inne. Das gesamte System ist subsidiär gedacht und greift erst, wenn es in einem kompletten Bundesland zu einer Überlastung der dortigen Kliniken kommt. Die SPoC sind telefonisch und per E-Mail erreichbar.

4.3 Leiter Transportorganisation

Der Leiter der Transportorganisation hat vielfältige Aufgaben. Da der Einsatz in den meisten Fällen unvorhergesehen kommt, erfolgt die Umsetzung des Patiententransportes ohne Vorlaufzeit und somit unter besonders hohem Druck. Der Leiter TO muss in dieser komplexen Situation ...

- in die Lage kommen
- Positionen im Unterabschnitt Transportorganisation planen und besetzen
- Ladezone(-n) erstellen
- Personalressourcen und Material einplanen.

In die Lage kommen

Der Leiter TO muss frühzeitig Kontakt mit der EAL Medizinische Rettung aufnehmen und sich in die Lage einweisen lassen. Hier erfährt er, um wie viele Patienten es sich handelt und wie die Sichtungskategorien verteilt sind, wo er seine Ladezone aufbauen lässt, welchen Ticketsatz er nutzen muss (je nach Konzept), wie viele Rettungsmittel ihm zur Verfügung stehen und in welcher Reihenfolge der Abtransport der Patienten aus den jeweiligen PA stattfinden soll.

Positionen im Unterabschnitt Transportorganisation planen und besetzen

Wenn man davon ausgeht, dass die Transportorganisation durch eine Schnelleinsatzgruppe (SEG) gestellt wird, so ist damit zu rechnen, dass die geplanten Einsatzkräfte nicht alle zeitgleich, sondern zeitversetzt eintreffen. Der Leiter TO muss nun die einzelnen Positionen (u. a. Leiter Ladezone, Einweiser usw.) innerhalb seines Unterabschnittes prioritätenorientiert mit den vor Ort befindlichen Einsatzkräften besetzen. Sollten nicht alle vorgeplanten Einsatzkräfte die Einsatzstelle erreichen, so muss der Leiter handeln und Arbeitsbereiche zusammenlegen oder, anders als geplant, mit weniger Personal besetzen. Ein Beispiel hierfür ist das Ticketteam. In der Vorplanung besteht ein Ticketteam aus zwei Einsatzkräften. Wenn es erforderlich ist, kann aber auch eine Person mit der Ticketverteilung beginnen.

Erstellung mehrerer Ladezonen

Es ist selbstverständlich übersichtlicher und weniger personalintensiv, mit einer einzigen Ladezone zu arbeiten. Jedoch ist es unter Umständen erforderlich, mehrere Ladezonen einzurichten und zu betreiben. Dies ist zum Beispiel bei einer MANV-Lage erforderlich, die sich über eine lange Strecke auf einer Autobahn ereignet hat. Hier ist es zum Teil gar nicht möglich, alle Patienten durch eine Ladezone abzutransportieren.

Personalressourcen einplanen

Bei großen Lagen kann der Einsatz einer Transportorganisation unter Umständen viele Stunden andauern. Hier muss der Leiter TO vor die Lage kommen und ggf. eine Ablösung einplanen und die Übergaben organisieren. Neben einer physischen wirkt in einer MANV-Lage auch eine sehr hohe psychische Belastung auf die Einsatzkräfte ein. Der Leiter der Transportorganisation muss deshalb ein besonderes Augenmerk auf seine Einsatzkräfte richten und eventuelle Belastungen schnell erkennen.

Material einplanen

Kein erfolgreicher Einsatz ohne das entsprechende Material. Bei der Transportorganisation werden diverse Ausrüstungsgegenstände benötigt, um den gestellten Aufgaben gerecht zu werden. Hierzu zählen

- Funktionswesten
- Kreidespray/Markierungsmaterial
- Formulare zur Dokumentation
- Checklisten
- Stablampen mit Aufsatz rot/sonstige Leuchtmittel
- Handfunkgeräte.

Selbstverständlich empfiehlt es sich, als Unterabschnittsleitung einen ELW 1 als Führungsunterstützungsmittel einzusetzen. Durch die vorgehaltene Kommunikationstechnik können alle erforderlichen Positionen mit Handfunkgeräten ausgerüstet werden. Insgesamt müssen Kommunikationswege zwischen Leiter Transportorganisation (der sich möglichst beim ELW 1 aufhält), OrgL, Patientenzuweisungsteam sowie dem Leiter Ladezone geschaffen werden. Zudem muss der Leiter Ladezone Kontakt zum ELW 1 und zum Leiter Bereitstellungsraum haben.

Der Einsatzleitwagen sollte mindestens mit je einem Funker und einem Führungsassistenten besetzt sein. Der Führungsassistent zeichnet sich dafür verantwortlich, die vorgehaltenen Unterlagen und Checklisten für den Leiter

Bereitstellungsraum und das Patientenzuweisungsteam auszugeben. Er unterstützt den Leiter Transportorganisation, indem er ihm die Checkliste „Leiter TO“ aushändigt, Ansprechpartner für ihn ist und entsprechend den Einsatzverlauf im Einsatztagebuch dokumentiert.

Neben Dokumentationsunterlagen gehören auch dazugehörige Schreibutensilien, beschreibbare Karten der Region in unterschiedlichen Maßstäben, taktische Zeichen sowie Krankenhausübersichten zur Ausstattung der Transportorganisation.

Zur Kenntlichmachung sind Funktionswesten für den Leiter Transportorganisation, den Leiter Ladezone und das Patientenzuweisungsteam vorgesehen und Magnetschilder mit der Aufschrift „Transportorganisation“ außen am ELW anzubringen. Des Weiteren sollten eine Rolle Absperrband rot/weiß (100 m), Verkehrsleitkegel, Faltsignale und Kreidespray zur Ausstattung gehören. Bei Nachteinsätzen und während dunklen Jahreszeiten empfiehlt sich, magnetische LED-Rundumleuchten, Handlampen sowie Stablampen mit roten Aufsätzen einzusetzen. Für die nötige weitere Beleuch-

Abb. 14 ▶ Kennzeichnung von Ladezonen

tung sollten LED-Scheinwerfer, mindestens 50 m Leitungskabel und ein Stromerzeuger mit zur Beladung gehören.

Bei Lagen, in denen die Ladezone von der TO räumlich getrennt ist, ist eine doppelte Materialvorhaltung empfehlenswert, damit alle Bereiche über die gleiche Materialausstattung verfügen. Daher ist zu überlegen, das Material für die TO, für das Patientenzuweisungsteam und für die Ladezone in Kunststoffkisten aufzubewahren. Bei Bedarf können die Boxen schnell und vollständig ausgegeben werden.

4.4 Leiter Ladezone

Der Leiter Ladezone hat den Auftrag, entsprechend den örtlichen Gegebenheiten eine Abstellmöglichkeit für mehrere Rettungsmittel zu schaffen. Diese sollen innerhalb eines vorgegebenen Zeitfensters Patienten aus den Patientenablagen aufnehmen oder von Tragetrupps übernehmen und in Krankenhäuser transportieren. Die Örtlichkeit wird bei Einsatzbeginn zwischen dem OrgL, dem Leiter TO und dem Einsatzleiter Feuerwehr abgesprochen.

Der Leiter Ladezone hält engen Funkkontakt zum Leiter Bereitstellungsraum, um frühzeitig Rettungsmittel in die Ladezone anzufordern oder den vorgeschalteten Rettungsmittelhalteplatz (nach Brüne auch als Pufferzone bezeichnet, vgl. BBK 2020b) aufzufüllen. Er beobachtet die Aufnahme der Patienten durch die Teams der Rettungsmittel und steht mit dem Leiter Transportorganisation in Verbindung. Ihn weist er auch auf Verzögerungen hin und gibt Hinweise, wenn ein Missverhältnis zwischen Patienten und Fahrzeugen besteht („Flaschenhals“). Der Leiter Ladezone kann von den Hilfsorganisationen oder der Feuerwehr gestellt werden. Er sollte mindestens über die Qualifikation Gruppenführer Rettungsdienst mit Zusatzqualifikation TO verfügen.

Um die Größe/die Maße der Ladezone und den nötigen Platzbedarf der Rettungsmittel in der Ladezone zu bestimmen, orientiert man sich an der Größe von RTW, denn damit sind automatisch Maße kleinerer Fahrzeuge abgedeckt. Für die Berechnungsgrundlagen wurden Fahrzeugbreiten von 2,5 m (inklusive Außenspiegel) und Längen von 6,60 m angenommen. Mit herausgezogenem Tragetisch und Entnahme einer Fahrtrage wurden 8,60 m festgelegt.

Der Aufbau einer Ladezone hängt maßgeblich von den Straßenverhältnissen vor Ort ab, weshalb es Empfehlungen für verschiedene Straßentypen gibt. Nachfolgend werden sieben Arten erläutert (Einteilung nach Fritjof Brüne):

Straßentyp I

Dieser Straßentyp verfügt über eine Fahrbahn. Diese hat eine Gesamtbreite von ca. 3–4 m. Die Rettungsmittel können in die Ladezone als Kolonne einfahren und dann blockweise beladen werden. Dabei sollte der Abstand der zu beladenden Fahrzeuge 10 m betragen.

Straßentyp II

Bei diesem Straßentyp handelt es sich um zwei Richtungsfahrbahnen, die jeweils ca. 3–4 m breit sind. Hier ist ein gleichzeitiges Beladen von vier Rettungsmitteln, die hintereinander mit einem Abstand von 15 m stehen, durchführbar. Ein Einbahnstraßensystem ist zu integrieren. Eine Spur wird als Parkbucht verwendet, die andere als Fahrspur.

Straßentyp III

Der Straßentyp III zeichnet sich durch drei Richtungsfahrbahnen oder zwei Richtungsfahrbahnen mit Standstreifen

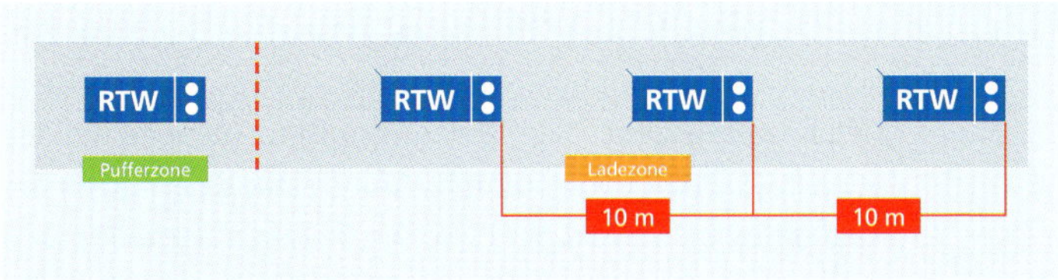

Abb. 15 ▶ Straßentyp I

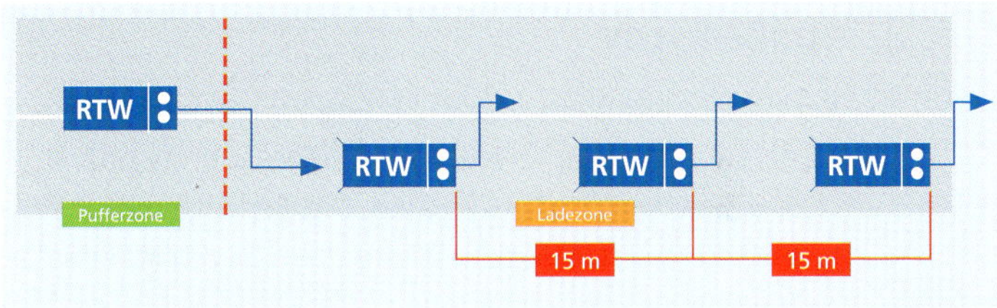

Abb. 16 ▶ Straßentyp II

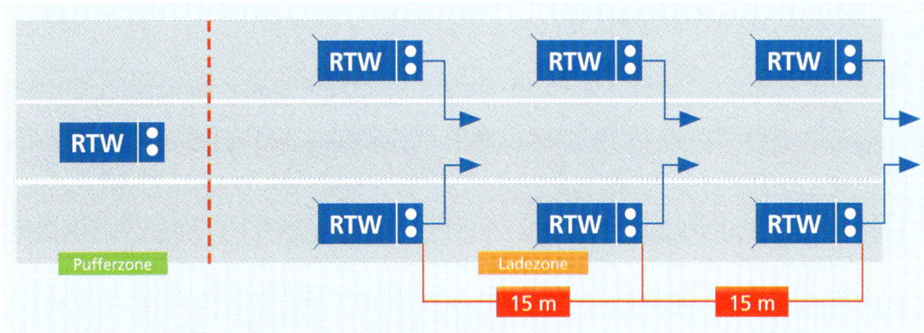

Abb. 17 ▶ Straßentyp III

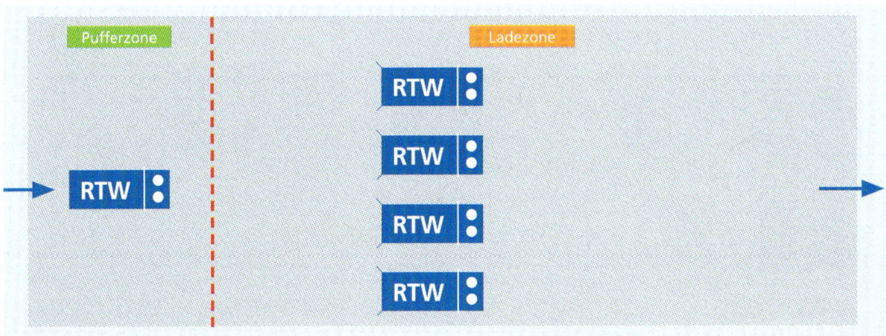

Abb. 18 ▶ Straßentyp IV

aus. Die gesamte Breite beträgt maximal 9 m. Durch das Einrichten eines Einbahnstraßensystems ist es möglich, zeitgleich mindestens vier Rettungsmittel (nebeneinander, je nach Platzangebot mehrere hintereinander) mit einem Abstand von 15 m zu beladen. Die beiden äußeren Spuren dienen als Parkstreifen, die mittlere Spur soll befahrbar sein.

Straßentyp IV

Bei diesem Straßentyp sind größere Parkplätze zu nutzen. Diese sind so zu unterteilen, dass jeweils zwei Auf- bzw. Ausfahrten vorgehalten werden. Die Rettungsmittel können direkt eine freie Parkbucht anfahren. Der Abstand sollte nebeneinander ca. 3 m betragen.

Straßentyp V

Es sind größere Parkplätze zu nutzen. Diese sind so zu unterteilen, dass jederzeit die beladenen Rettungsmittel abfahren und neue Rettungsmittel nachrücken können, ohne dass sie sich gegenseitig behindern. Die Anzahl der gleichzeitig

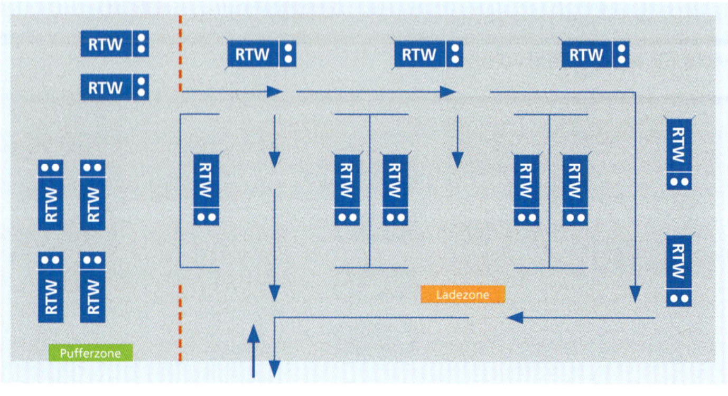

Abb. 19 ▶ Straßentyp V

beladbaren Rettungsmittel wird durch die Größe des Parkplatzes reguliert. Man muss unbedingt beachten, dass eine große Anzahl von Rettungsmitteln den Führungsaufwand deutlich erhöht. Somit sollten nicht mehr als 6 – 8 Fahrzeuge gleichzeitig beladen werden. Je nach örtlichen Gegebenheiten kann eine Auf- und Abfahrt vorgehalten werden.

Straßentyp VI

Unter den Straßentyp VI fallen Sackgassen mit Wendehammer sowie Bundesautobahnen mit je zwei oder mehr Richtungsfahrbahnen plus Standstreifen und einer nicht passierbaren Leitplanke. Während eines Einsatzes mit diesen Straßenbegebenheiten muss, wenn beide Spuren blockiert sind, in Fahrtrichtung zwischen der Ladezone und der Einsatzstelle ein ausreichender Wendeplatz freigehalten werden, damit die Fahrzeuge die Einsatzstelle in Anfahrtsrichtung verlassen können. Der Parkabstand beträgt jeweils 15 m. Ebenfalls muss darauf geachtet werden, dass eine Spur als Fahrspur frei bleibt. Die Ladezone wird vor dem Wendebereich eingerichtet.

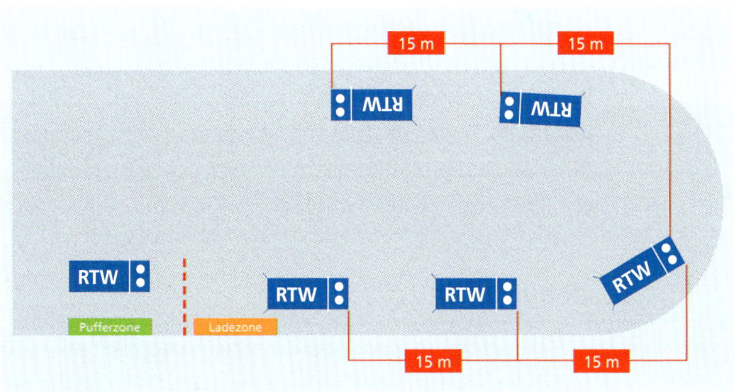

Abb. 20 ▶ Straßentyp VI

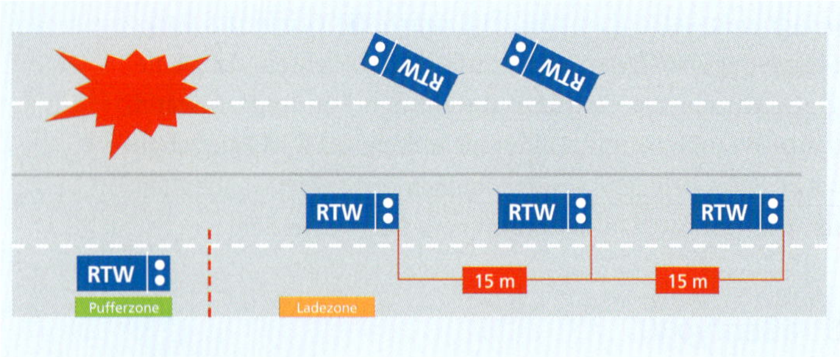

Abb. 21 ▶ Straßentyp VII

Straßentyp VII

Unter Straßentyp VII fallen Bundesautobahnen mit je zwei oder mehr Richtungsfahrbahnen plus Standstreifen und einer passierbaren Leitplanke. Während eines Einsatzes mit diesen Straßenbegebenheiten muss, wenn beide Spuren blockiert sind, die Möglichkeit in Betracht gezogen werden, im Bereich der Gegenfahrbahn die Ladezone einzurichten. Die Ladebuchten sollten, wenn möglich, auf der linken Fahrspur eingerichtet werden. Verletzte/Betroffene können über die Leitplanke zur Ladezone verbracht werden. Es können mindestens vier Fahrzeuge hintereinander in einem Abstand von 15 m beladen werden.

Bei allen Straßentypen wird immer vom Idealfall ausgegangen. In der Realität müssen parkende Fahrzeuge, fahrbahnverengende Baustellen und andere erdenkliche Einflüsse beachtet werden.

Ladebuchten

Die Ladebuchten müssen deutlich gekennzeichnet sein. Für die Markierung können Kreidesprays oder C-Schläuche der Feuerwehr (15 m Länge, möglichst gelb) genutzt werden.

Ladebuchten müssen mindestens 15 m lang sein, damit die Rettungsmittel Rangierfläche haben (beim Straßentyp I wird diese nicht benötigt, da die Fahrzeuge hintereinander wegfahren). Diese Größe für Ladebuchten ist deshalb vorgesehen, damit, wenn ein Fahrzeug abrückt, direkt ein neues Fahrzeug aus dem Rettungsmittelhalteplatz (Pufferzone) nachrücken kann und die Ladebucht wieder auffüllt. Wenn zwei Spuren genutzt werden, sollte darauf geachtet werden, dass die eine für KTW und die andere für RTW vorgehalten wird. NEF können separat abgestellt werden, um keine Ladebucht zu blockieren und somit den Abtransport zu verzögern. Die mögliche NEF-Aufstellfläche muss bei der Raumplanung bedacht werden.

Zu Beginn der Ladezone muss für die einfahrenden Fahrzeuge ersichtlich sein, welche Spur sie zu nutzen haben. Dies kann durch Beschriftungen mit Kreidespray auf der Straße oder Faltsignalen erfolgen. Absperrband eignet sich nicht besonders gut zum Kennzeichnen der Ladebuchten, da hierfür Festpunkte vorhanden sein müssen bzw. Personal gebunden würde. Der Beginn einer Ladebucht kann zusätzlich durch Verkehrsleitkegel oder Mülltonnen gekennzeichnet werden. Durch diese Art der Markierung können sich die Fahrer besser orientieren. Die Fahrzeugfront sollte möglichst auf Höhe der ersten Markierung sein.

Der Leiter Ladezone unterrichtet seine Führungsgehilfen in der Fahrzeugeinweisung, informiert sie über die vorgegebenen Zeitfenster und weist sie in ihre weiteren Aufgaben ein, wie beispielsweise die Regelung der Ein- und Ausfahrt.

Durch die Vorgabe von Ladezeiten durch den Leiter Ladezone soll ein kontinuierlicher Abtransport der Patienten gewährleistet werden. Allerdings sind hierbei einige Parameter zu beachten. So müssen ggf. die Wegstrecken der eingesetzten Tragetrupps berechnet und bewertet werden, ebenso die eigentliche Ladezeit. Dabei spielt der Faktor

Abb. 22 ▶ Ladezone im Einsatz

Mensch eine entscheidende Rolle, da ein hoher Personalansatz nötig ist und Einsatzkräfte mit guter körperlicher Kondition benötigt werden (es ist von vier Kräften pro Patient auszugehen).

Ist die Einsatzstelle weit auseinandergezogen oder müssen aufgrund der Örtlichkeit mehrere Ladezonen eingerichtet werden, so ist dies mit einem hohen logistischen Aufwand verbunden. Es werden mehr Personal und wahrscheinlich mehrere Rettungsmittelhalteplätze (Pufferzone) oder sogar Bereitstellungsräume benötigt. Die Kommunikation muss auch über die Entfernung sichergestellt sein. Es sollte abgeschätzt werden, ob trotz der Vorhaltung mehrerer Ladezonen nur eine Transportorganisation eingerichtet wird. Somit belässt man alle Informationen und Zuweisungen zentral geführt, wodurch Unstimmigkeiten und eventuelle Doppelbelegungen von Kapazitäten vermieden werden. Bis zu einer gewissen Größe eines Einsatzes ist dieses Vorgehen umsetzbar. Allerdings müssen dem eine Erstschulung, regelmäßige Übungen und Trainingseinheiten vorangestellt sein.

Material für die Ladezone

Um Missverständnissen vorzubeugen, ist es wichtig, die Ladezone so zu kennzeichnen, dass die Fahrer der Rettungsmittel den Weg in die und aus der Ladezone intuitiv finden können. Neben der Ein- und Ausfahrt müssen ebenso die Ladebuchten gekennzeichnet werden. In der nachfolgenden Übersicht sind einige hilfreiche Materialien aufgeführt, die in einer Ladezone benötigt werden:

- Faltsignale mit Klettschildern
  Mithilfe von Faltdreiecken und der entsprechenden Beschriftung kann man Ein- und Ausfahrten kennzeichnen bzw. Fahrwege kenntlich machen.
- Pylone und Blinkleuchten
  Sie dienen zur Kenntlichmachung von Fahrwegen und seitlichen Begrenzungen. Mit einer Blinkleuchte sind diese auch in der Dunkelheit besonders gut zu erkennen.
- Wasserlösliches Kreidespray
  Mit wasserlöslichem Kreidespray kann man Ladebuchten und Bezeichnungen auf trockenen Fahrbahnen gut anbringen.
- Licht und Strom
  Da in einer Ladezone mit besonders hohem Aufkommen von fußläufigen Einsatzkräften zu rechnen ist, besteht besonders in der Dunkelheit die Gefahr, dass man in schlecht beleuchteten Bereichen Personen übersieht. Um Unfällen vorzubeugen, ist es obsolet, die Fahr- und Laufwege ausreichend auszuleuchten. Hier können DIN-Stative mit der entsprechenden Beleuchtung Abhilfe schaffen.
- C-Schlauch 15 m – Ausführung in Gelb (s. ABB. 23)

- Flatterband und Absperrleinenhalter
  Mit diesem Hilfsmittel lassen sich einfach und schnell Wege kennzeichnen und absperren.
- Schreibmaterial
- Funkgeräte dienen zur Kommunikation innerhalb des Unterabschnittes TO
- Winkerkellen/Stablampen mit Aufsatz rot
  Diese Hilfsmittel dienen den Einweisern zur Lenkung der Rettungsmittel.

Abb. 23 ▶ Ladezone mit Abtrennung durch einen C-Schlauch und Pylone

5 Umsetzung in die Praxis

Es bedarf einiges an Vorbereitungen und Überlegungen, eine Transportorganisation als „neue Komponente“ des eigenen Rettungsdienstes zu implementieren. Zunächst muss festgelegt werden, wer diese Aufgabe übernehmen soll. Sind es eigene Einsatzkräfte oder benötigt man Unterstützung beispielsweise von der Feuerwehr oder einer Hilfsorganisation? Ist diese Frage geklärt, müssen Aus- und Fortbildungskonzepte erarbeitet werden. Um das Rad nicht neu zu erfinden, bietet es sich an, über den Tellerrand zu schauen. Viele Rettungsdienstträger haben bereits solche Strukturen eingerichtet und ihre Erfahrungen mit der Transportorganisation gemacht. Ein reger Austausch kann an dieser Stelle bereits helfen, die Weichen für die „neue Transportorganisation“ zu stellen.

Neben den personellen Überlegungen muss auch an die materielle Umsetzung gedacht werden:

- Welches Material wird benötigt?
- Welche Fahrzeuge stehen zur Verfügung?
- Wo wird das Material gelagert?
- Wer betreut das Material?

Nicht zuletzt muss daran gedacht werden, dass die Einführung einer solchen „Spezialeinheit“ über mehrere Jahre Kosten verursacht. Die Gelder hierfür müssen rechtzeitig beantragt werden.

In diesem Kapitel erläutern wir die Struktur und den Aufbau einer Transportorganisation im Allgemeinen und gehen im Speziellen auf die strukturierte Patientenverteilung sowie die Schnittstellen einer Transportorganisation ein.

5.1 Patiententransport innerhalb der Einsatzstelle

Um Patienten innerhalb der Einsatzstelle von A nach B zu transportieren, bedarf es eines hohen logistischen Aufwands und Kräfteansatzes. Betroffene Personen, die sich im Gefahrenbereich befinden, werden durch Feuerwehrkräfte aus diesem gerettet und an einem vordefinierten, im sicheren Bereich liegenden Patientenübergabepunkt (PÜP) an Tragetrupps übergeben (Feuerwehr, THW, SEG usw.). Von dort aus werden die Geretteten auf die eingerichteten Patientenablagen verteilt. Weiter gilt, dass sich am PÜP immer eine gewisse Anzahl von übernehmenden Kräften aufhält, um eine verzögerungsfreie Verteilung der Betroffenen zu gewährleisten. Sobald mit dem Abtransport begonnen wird, zeichnet sich die TO für den reibungslosen Ablauf verantwortlich. Hierbei werden in den meisten Fällen ebenfalls Tragetrupps zwischen den Patientenablagen und der Ladezone eingesetzt. Diese müssen genauestens koordiniert werden. Hierbei spielt eine klare Kommunikation zwischen dem Leiter TO, dem Leiter Ladezone und den einzelnen Trupps eine prägende Rolle. Des Weiteren müssen Laufzeiten ohne Patienten zu den einzelnen Patientenablagen und mit Patienten zur Ladezone eruiert und beachtet werden. Das Überlaufen der Ladezone mit Patienten gilt es dringend zu vermeiden, da ansonsten die Gefahr einer Unterversorgung besteht! Um dem entgegenzuwirken, könnte präventiv eine RTW-Besatzung eingesetzt werden. Eine Kräfteredundanz ist von Einsatzbeginn an erforderlich, um erschöpfte Helfer auszutauschen. Wenn vorhanden und vom Gelände her möglich, empfiehlt es sich, fahrbare All-Terrain-Trageuntergestelle einzusetzen (u. a. Modell „Carrier“).

Beim Einsatz von luftgebundenen Rettungsmitteln liegt der Bereitstellungsraum Luft oftmals in größerer Entfernung zur Einsatzstelle. Hier gilt es, mit Bedacht abzuwägen, ob Tragetrupps diese Strecke bewältigen können. In den meisten Fällen muss der Transport zu den Hubschraubern mittels bodengebundener Fahrzeuge über die Ladezone erfolgen.

Sollten Wasserwege genutzt werden müssen, so sind grundsätzlich die örtlichen Wasserrettungszüge mit ihrem fachlichen und technischen Know-how einzusetzen. Tragetrupps und PÜP werden doppelt, sprich an jeder Uferseite vorgehalten und eingerichtet. Es empfiehlt sich, die Anlandungsstelle auf Seite der Ladezone in deren unmittelbaren Nähe zu wählen, denn, auch wenn dadurch die Rettungsboote mitunter einige Minuten länger unterwegs sind, so verkürzt sich die Belastung und Einsatzdauer der Tragetrupps deutlich.

5.2 Aufbau und Struktur einer Transportorganisation

Die Transportorganisation ist ein Unterabschnitt des Einsatzabschnittes Medizinische Rettung. Sie besteht aus dem Leiter der Transportorganisation, einem Patientenzuweisungsteam, einem Leiter Ladezone und Führungsassistenten. Unterstützend können der Transportorganisation Tragetrupps durch Feuerwehr und/oder THW unterstellt werden.

Nach dem Eintreffen an der Einsatzstelle meldet sich der Leiter Transportorganisation beim OrgL und LNA, um eine Lageeinweisung zu erhalten. Wichtig hierbei zu erfahren sind die Anzahl, Benennung und Örtlichkeit der Patientenablagen, die Anzahl der Patienten nach Sichtungskategorien, die räumliche Aufteilung der Einsatzstelle und die Zuweisung nutzbarer Funkrufgruppen. Idealerweise ist im Rahmen der frühzeitigen Ordnung des Raumes bereits an die Einrichtung einer Ladezone gedacht worden. Diese sollte möglichst übernommen werden. Falls noch nicht geschehen, muss der Leiter Transportorganisation eine Örtlichkeit nach Rücksprache mit dem OrgL und dem Einsatzleiter Feuerwehr festlegen. Wenn möglich, sollte die räumliche Trennung zwischen Leiter TO und Ladezone nicht zu groß sein, um die Meldewege kurz zu halten. Ist dies aufgrund der örtlichen Gegebenheiten nicht umzusetzen, so ist die bestmögliche Alternative zu nutzen.

Stellt sich die Wahl zwischen verschiedenen Straßentypen (s. o.), ist die für die Auftragserfüllung beste Möglichkeit auszuwählen.

Idealerweise nutzt die Transportorganisation einen ELW 1 als Führungsmittel.

Das Patientenzuweisungsteam hat zwei Optionen: Entweder begibt es sich in die Patientenablagen, um von dort die Patienten auf die Krankenhäuser zu verteilen, oder es verbleibt in der Ladezone und die Patienten werden zur Ladezone transportiert, um von dort aus auf die Krankenhäuser verteilt zu werden.

Der Leiter TO legt mit Unterstützung eines Führungsassistenten und dem Leiter ELW die Kommunikationsstruktur fest. Idealerweise wird diese in Form eines schriftlichen Funkorganigramms festgehalten, vervielfältigt und an alle Beteiligten verteilt. Aus diesem geht auch die Struktur des Unterabschnittes Transportorganisation mit seinem Unterabschnitt Ladezone hervor.

Das für Patienten erforderliche Transportziel und das notwendige Rettungsmittel werden durch das Patientenzuweisungsteam festgelegt. Beides kommuniziert das Team an den Leiter TO. Muss der jeweilige Patient aus der Patientenablage zur Ladezone transportiert werden, entsendet der Leiter TO entsprechende Tragetrupps. Der Leiter Ladezone steht in engem Kontakt mit dem Leiter TO, der die entsprechenden Informationen des Patientenzuweisungsteams weitergibt. Ebenfalls kommuniziert der Leiter Ladezone mit dem Bereitstellungsraum und fordert aus diesem Fahrzeuge an.

Die Kunst eines erfolgreichen Transportablaufs besteht darin, dass der Leiter TO die Wege der Tragetrupps in und aus den Patientenablagen berechnet, ebenfalls muss der Ladezone ein Zeitfenster für die Patientenaufnahme zugewiesen werden. Liegt er mit seinen Berechnungen richtig, so sollte möglichst ein stetiger Patientenfluss zur Ladezone, eine kontinuierliche Aufnahme durch die Rettungsmittel und eine Fahrzeugnachführung in freie Ladebuchten entstehen. Es geht hierbei nicht um sekundengenaue Berechnungen, allerdings ist ein Patientenstau an der Ladezone zu vermeiden. Durch Bildung eines solchen „Flaschenhalses" kann ungewollt sehr schnell eine neue Patientenablage entstehen. Dies führt zu einem Zeitfenster, in dem Patienten unbehandelt bleiben und sich ihr Zustand verschlechtern kann. Kommt es zu solch einem Patientenstau, so muss der Leiter Ladezone reagieren und umgehend den Leiter TO informieren. Weiter sollten freie Kräfte zur Versorgung der wartenden Patienten eingesetzt werden, beispielsweise ein Team aus dem Rettungsmittelhalteplatz (Pufferzone).

Im Rettungsmittelhalteplatz (Pufferzone) werden Rettungsmittel gesammelt, um von dort zum Transport von Patienten aus den Patientenablagen über die Ladezone oder dem Behandlungsplatz abgerufen zu werden.

Daher muss der Leiter Ladezone zwingend darauf achten, dass die Rettungsmittel ihr vorgegebenes Zeitfenster einhalten. Eine Patientenversorgung im Rettungsmittel direkt in der Ladezone ist nicht angedacht. Hier gilt es, den Patienten aufzunehmen und die Ladezone unmittelbar zu verlassen. Eine weitere Versorgung sollte während des Transports oder in einer sogenannten Ankabelungszone erfolgen.

5.3 Aufbau und Struktur einer Ladezone

ABBILDUNG 24 zeigt eine schematische Darstellung einer möglichen Ladezone für einen MANV mit 200 Patienten (angelehnt an eine Übung der Feuerwehr Leverkusen). Aufgrund der hohen Patientenzahl sind fünf Ladebuchten vorgesehen. Für die begleitenden NEF sind Wartebuchten

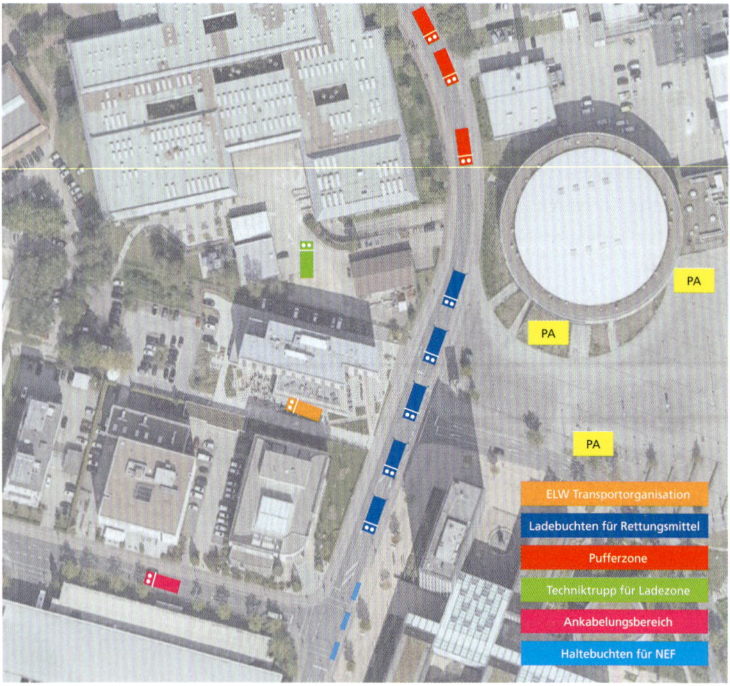

ABB. 24 ▶ Lageplan einer Ladezone für eine mögliche MANV-Lage

außerhalb der Ladezone eingerichtet. Da die Rettungsmittel nur kurze Zeit in der Ladezone verbleiben sollen, gibt es außerhalb Ankabelungszonen. In diesen sollen die Patienten transportfertig gemacht werden (Monitoring usw.)

5.4 Schnittstellen

Um Informationen weitergeben und erhalten zu können, ist eine reibungslose Kommunikation zwischen den entsprechenden Stellen wichtig. Nachfolgend sind deshalb die typischen Schnittstellen einer Transportorganisation aufgeführt:

- *Leiter Transportorganisation ⟷ Einsatzabschnittsleitung Medizinische Rettung*
  Da der Leiter der Transportorganisation immer über ein aktuelles Lagebild verfügen muss, benötigt er aktuelle Informationen zum laufenden Einsatz. Diese erhält er unter anderem bei der Einsatzabschnittsleitung Medizinische Rettung.
- *ELW Transportorganisation ⟷ Bereitstellungsraum Rettungsdienst*
  Nach der Transportfreigabe durch die Einsatzabschnittsleitung Medizinische Rettung fordert die Transportorganisation die benötigten Rettungsmittel im Bereitstellungsraum Rettungsdienst ab.
- *ELW Transportorganisation ⟷ Leiter Erstversorgung (ggf. mehrere)*
  Für eine effektive Patientenverteilung muss die Transportorganisation wissen, wie viele Patienten mit welcher Sichtungskategorie in den Patientenablagen vorhanden sind. Dies erfolgt durch regelmäßige Abfragen der TO an den/die Leiter

Erstversorgung. Sollte kein Leiter Erstversorgung installiert sein, werden die Leiter Patientenablage angesprochen.

- *Patientenzuweisungsteams/Ticketteams* ⟷ *Rettungsleitstelle*
  Je nach Ticketsystem müssen die einzelnen Tickets vor Benutzung aktiviert werden. Das heißt, die Klinik muss angeben, ob sie aufnahmebereit ist. Das Prozedere kann regional unterschiedlich gehandhabt werden. So ist es vorstellbar, dass eine Abfrage der Kliniken beispielsweise durch die Transportorganisation an die Rettungsleitstelle delegiert wird.

6 Checklisten

6.1 Einsatzstellenorganigramm

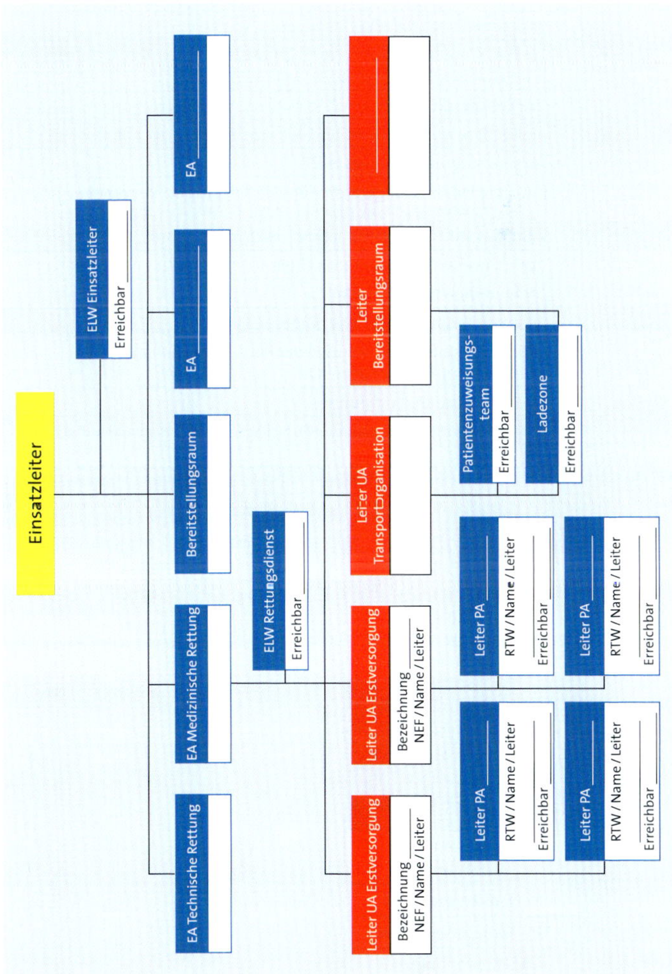

6.2 Leiter Transportorganisation

Wichtige Maßnahmen	
	Kennzeichnungsweste anlegen („Leiter Transportorganisation")
	Sicherstellung der Kommunikation gemäß aktuellem Funkkonzept (2x Funkgeräte)
	Vorgehen mit LNA / OrgL abklären
	Frühe, dringende Abtransporte (priorisierte Patienten) in Absprache mit LNA / OrgL oder Leitstelle? MANV-Stufe?
	Ticketsatz aktivieren
	Erkunden, wo die PA sind und wie ihre Benennungen lauten?
	Erstversorgung sichergestellt?
	Ausreichend Rettungsmittel für den Abtransport vorhanden? Anzahl RTW / NEF / RTH / KTW? Standort des Bereitstellungsraumes und des Hubschrauberlandeplatzes (Unterabschnitt Luft)?
	Wie kommen Patienten zum RTH?
	Trägereinheiten vorhanden?
	Können Trageuntergestelle eingesetzt werden?
	Kommunikation zum Abrufen der Rettungsmittel im Bereitstellungsraum Rettungsdienst?
	Dokumentation durchführen
	Lagemeldung an die nächste Führungsebene (Intervalle je nach Einsatzlage)

SK und Kennzeichnung
SK I vital bedroht Sofortbehandlung
SK II schwer verletzt / erkrankt dringliche Behandlung
SK III leicht verletzt / erkrankt nicht dringliche Behandlung
SK IV ohne Überlebenschance palliative Versorgung
B – Betroffene Betreuung
Noch nicht gesichtet
TP – Transportpriorität
K – Kontaminiert
EX-Kennzeichnung – Tote

Richtwert Transport	
1 roter Patient	1 NEF und 1 RTW oder 1 RTH
1 gelber Patient	1 RTW
1 (2) grüne(r) Pat.	1 KTW

Räumliche Struktur Ladezone (Skizze)

6.3 Patientenübersicht Leiter Transportorganisation

Bezeichnung Leiter Transportorganisation

Meldung

Patientenübersicht

Uhrzeit	TP	I	II	III	IV	EX
Patientenablage						
Patientenablage						
Patientenablage						
Patientenablage						
Patientenablage						
Gesamt						

Uhrzeit	TP	I	II	III	IV	EX
Patientenablage						
Patientenablage						
Patientenablage						
Patientenablage						
Patientenablage						
Gesamt						

Uhrzeit	TP	I	II	III	IV	EX
Patientenablage						
Patientenablage						
Patientenablage						
Patientenablage						
Patientenablage						
Gesamt						

Uhrzeit	TP	I	II	III	IV	EX
Patientenablage						
Patientenablage						
Patientenablage						
Patientenablage						
Patientenablage						
Gesamt						

6.4 Leiter Ladezone

Wichtige Maßnahmen	
	Kennzeichnungsweste anlegen („Leiter Ladezone")
	Sicherstellung der Kommunikation gemäß aktuellem Funkkonzept (2x Funkgeräte)
	Vorgehen mit Leiter Transportorganisation abklären
	Ausreichend Rettungsmittel für den Abtransport vorhanden? Anzahl RTW / NEF / RTH / KTW?
	Ab wann kann mit dem Abtransport begonnen werden?
	Standort des Bereitstellungsraumes und des Hubschrauberlandeplatzes (Unterabschnitt Luft)?
	Wie kommen Patienten zum RTH?
	Trägereinheiten vorhanden?
	Können Trageuntergestelle eingesetzt werden?
	Kommunikation zum Abrufen der Rettungsmittel im Bereitstellungsraum Rettungsdienst?
	drei bis vier Ladebuchten einrichten (Markierung mit Sprühkreide, Verkehrsleitkegeln)
	je Ladebucht eine Einsatzkraft zum Helfen beim Be-/Entladen bzw. zur Einweisung
	Lagemeldung an die nächste Führungsebene (Intervalle je nach Einsatzlage)

SK und Kennzeichnung
SK I vital bedroht Sofortbehandlung
SK II schwer verletzt / erkrankt dringliche Behandlung
SK III leicht verletzt / erkrankt nicht dringliche Behandlung
SK IV ohne Überlebenschance palliative Versorgung
B – Betroffene Betreuung
Noch nicht gesichtet
TP – Transportpriorität
K – Kontaminiert
EX-Kennzeichnung – Tote

Richtwert Transport	
1 roter Patient	1 NEF und 1 RTW oder 1 RTH
1 gelber Patient	1 RTW
1 (2) grüne(r) Pat.	1 KTW

Räumliche Struktur Ladezone (Skizze)

6.5 Patientenzuweisung

Wichtige Maßnahmen	
	Kennzeichnungsweste anlegen („Patientenzuweisung“)
	Sicherstellung der Kommunikation gemäß aktuellem Funkkonzept (1x Funkgerät)
	Vorgehen mit Leiter Transportorganisation abklären
	Ticketsatz? MANV-Stufe?
	frühe, dringende Abtransporte (priorisierte Patienten) organisieren
	Wo sind die PA und wie lautet ihre Benennung?
	Erstversorgung sichergestellt?
	Ab wann kann mit dem Abtransport begonnen werden?
	Wer meldet an und wie?
	Dokumentation durchführen
	Lagemeldung an die nächste Führungsebene (Intervalle je nach Einsatzlage)
	je Ladebucht eine Einsatzkraft zum Helfen beim Be-/Entladen bzw. zur Einweisung
	Lagemeldung an die nächste Führungsebene (Intervalle je nach Einsatzlage)

SK und Kennzeichnung
SK I vital bedroht Sofortbehandlung
SK II schwer verletzt / erkrankt dringliche Behandlung
SK III leicht verletzt / erkrankt nicht dringliche Behandlung
SK IV ohne Überlebenschance palliative Versorgung
B – Betroffene Betreuung
Noch nicht gesichtet
TP – Transportpriorität
K – Kontaminiert
EX-Kennzeichnung – Tote

Richtwert Transport	
1 roter Patient	1 NEF und 1 RTW oder 1 RTH
1 gelber Patient	1 RTW
1 (2) grüne(r) Pat.	1 KTW

Räumliche Struktur Ladezone (Skizze)

Literatur

Bundesamt für Bevölkerungsschutz und Katastrophenhilfe – Akademie für Krisenmanagement, Notfallplanung und Zivilschutz (Hrsg.) (2020a) Führung Transportorganisation – Patientenverteilung und Krankenhausnachweis. Handout AKNZ, MANV I Seminar, nach Fritjof Brüne.

Bundesamt für Bevölkerungsschutz und Katastrophenhilfe – Akademie für Krisenmanagement, Notfallplanung und Zivilschutz (Hrsg.) (2020b) Führung Transportorganisation – Raumordnung und Kräfteansatz. Handout AKNZ, MANV I Seminar, nach Fritjof Brüne.

Bundesamt für Bevölkerungsschutz und Katastrophenhilfe (Hrsg.) (2018) BBK-Glossar. 2. Aufl., Bonn.

Deutscher Bundestag (Hrsg.) (2016) Organisation der Notfallversorgung in Deutschland unter besonderer Berücksichtigung des Rettungsdienstes und des Ärztlichen Bereitschaftsdienstes. Drucksache WD 9-3000-105/14. Berlin.

Deutscher Bundestag (Hrsg.) (1989) Beschlußempfehlung und Bericht des Verteidigungsausschusses als 1. Untersuchungsausschuß nach Artikel 45a Abs. 2 des Grundgesetzes. Drucksache 11/5354. Bonn.

Deutsches Institut für Normung e.V. (Hrsg.) (2015) DIN 13050 – Begriffe im Rettungswesen. Beuth, Berlin.

Landesausschuss Rettungsdienst Niedersachsen (Hrsg.) (2014) Bewältigung von Notfallereignissen mit einer größeren Anzahl von Verletzten oder Kranken (Großschadensereignisse) Bek. d. MI vom 19.11.2014 - 36-42-41576-10-13/0. Hannover.

Ministerium für Inneres und Kommunales des Landes Nordrhein-Westfalen (Hrsg.) (2013) Landeskonzept der überörtlichen Hilfe NRW „Sanitätsdienst und Betreuungsdienst“.

o.A. (1999) FwDV100 – Führung und Leitung im Einsatz. Stuttgart, Kohlhammer.

Abbildungsnachweis

Alle hier nicht genannten Abbildungen wurden vom Verlag nach den Vorgaben der Autoren erstellt. Weitere Nachweise an den Abbildungen.

Institut für Rettungs- und Notfallmedizin, Universitätsklinikum Schleswig-Holstein (UKSH)
Abb. 13

Google Maps
Abb. 24 (Hintergrund)

Andreas Knickmann, Köln
Umschlagbilder, Abb. 2, 3, 14, 22, 23

Timo Subat, Marienheide
Abb. 6

Isabel Zylka, Goldenstedt
Abb. 5

Hinweis zu den im Buch aufgeführten Straßentypen und der dem Buch beigelegten Taschenkarte „Ladezone": Die Benennung und Einteilung der Straßentypen folgt der Lehrmeinung von Fritjof Brüne.

Autoren

Andreas Knickmann ist Lehrbeauftragter bei der Qualitätssicherungsstelle Erste Hilfe. Neben seinen pädagogischen Qualifikationen als Dozent in der Erwachsenenbildung und im Gesundheitswesen war er jahrelang als Praxisanleiter in der Notfallmedizin, Referatsleiter Rettungsdienstliche Führungskräfteausbildung, Lehrbeauftragter sowie stellvertretender Schulleiter tätig. Im DRK-Kreisverband Köln e.V. übernimmt er ehrenamtlich die Funktion als Einsatzleiter und Pressesprecher. Er unterrichtet an der Bundesakademie für Bevölkerungsschutz und Zivile Verteidigung des Bundesamtes für Bevölkerungsschutz und Katastrophenhilfe im Bereich Katastrophenmedizin. Außerdem ist er Mitglied der Rheinischen Projektgruppe Ü-MANV, Fachberater für den Sanitäts- und Betreuungsdienst in der Mobilen Führungsunterstützung Rheinland. Seit 2016 ist er Redaktionsmitglied der Fachzeitschrift IM EINSATZ. Er ist Herausgeber der 4. Auflage des „Handbuch für Organisatorischen Leiter und Leitenden Notarzt“ (Stumpf + Kossendey 2020) und Autor des DRK-Handbuches Erste Hilfe sowie Mitautor diverser DRK-Lehrunterlagen.

Sven Neumann ist Notfallsanitäter und mitverantwortlich für die Stabsstelle MANV im Landkreis Leer. Er ist Führungskraft bei der Feuerwehr sowie OrgL des Landkreises und war acht Jahre lang Wachleiter der Hauptwache des Rettungsdienstes, bevor er 2017 zur Kooperativen Regionalleitstelle Ostfriesland wechselte. Dort war er für das Qualitätsmanagement verantwortlich und zuletzt im Lagedienst tätig. Seit Juli 2021 ist er Geschäftsführer der DRK Rettungsdienst/Krankenbeförderung Leer GmbH. Er ist Mitglied verschiedener Arbeitskreise im Bereich MANV und polizeiliche Lagen. Als Gastdozent unterrichtet er an der Bundesakademie für Bevölkerungsschutz und Zivile Verteidigung des Bundesamtes für Bevölkerungsschutz und Katastrophenhilfe, zeitweise an der Niedersächsischen Akademie für Brand- und Katastrophenschutz und an der Rettungsdienstschule des DRK Leer im Bereich Katastrophenmedizin, Führungslehre, Rettungsdienstausbildung und BOS-Digitalfunk. Er ist Redaktionsmitglied der Fachzeitschrift IM EINSATZ.

Timo Subat ist Notfallsanitäter im kommunalisierten Rettungsdienst des Oberbergischen Kreises. Neben seiner Tätigkeit im Regelrettungsdienst ist er Verantwortlicher der Stabsstelle MANV. Er leitet eine Schnelleinsatzgruppe, die sich ausschließlich aus hauptamtlichen Kräften des Oberbergischen Kreises rekrutiert. Er ist Organisatorischer Leiter Rettungsdienst und Verbandsführer. Als Gastdozent unterrichtet er an der Bundesakademie für Bevölkerungsschutz und Zivile Verteidigung des Bundesamtes für Bevölkerungsschutz und Katastrophenhilfe, der Akademie Gesundheitswirtschaft und Senioren (AGewiS, Oberbergischer Kreis) sowie bei der medi-co consulting GmbH im Bereich Katastrophenmedizin und rettungsdienstlicher Führungskräfteausbildung.